实用心理指南

家

父母了，接下来呢？

You've Had A Baby-Now What

[英]詹姆斯 · A. 鲍威尔　著　　　王佳琪　译

A Practical Guide to Family Psychology

上海教育出版社

作者简介

詹姆斯·A. 鲍威尔（James A. Powell），英国心理学博士，临床心理学家。曾供职于精神病医院、心理健康中心、学校系统、缓刑部门、法院等机构。拥有 40 余年临床经验，专注于帮助家庭解决生活中遇到的问题。其实践方法基于翔实的理论依据，并经历时间的检验，已成功运用于具有不同背景的家庭。

献给雪莉（Sherry）

你是我一切灵感的来源

目 录

前 言 1

在这个复杂的社会，养育一个适应良好的孩子并非不可能。这是几乎所有家长都非常渴望做的事，而且想尽可能做到最好。为此，他们往往非常焦虑。在我四十多年的心理学者生涯里，我接触了成千上万的孩子及其父母，帮助这些家庭缓解一系列问题，如撒谎、偷窃、叛逆、脾气暴躁、恐惧、焦虑甚至自伤。本书旨在分享我的一些经验，这些经验曾被很多家庭证实是很有效的方法，而且为家长管理孩子提供了特别的支持。

当今社会的家庭组成通常非常复杂，有挣扎着同时扮演父亲和母亲角色的单亲父母，还有父母来自不同种族或民族的家庭，以及祖父母负责隔代抚养下一代的家庭。这些都给“父母”这个角色带来了新挑战。尽管刚刚提到的这些差异很重要，但无论家庭构成如何，儿童的行为仍有许多共同的特点。正是这些共同的特点，为许多问题的成功解决和干预奠定了基础。

本书的案例研究均来自我与儿童相处的经验、其他人的经验以及非常珍贵的研究资料。这些案例都是真实的，并且源自为解

2 决家庭中的问题而寻求帮助的真实家庭。所有可以明确识别出某个人或某个家庭的名字或资料均已隐去。书中展示的某些处理特定情况的方法都在现实生活中取得了成功。这些解决方法真的很有效!

各年龄段孩子的家长都可以从这本书中获益。临床实践已清楚地表明,“一刀切”的方法行不通——幼儿、未满 10 岁的孩子、十几岁的少年以及接近成年的青少年需要以不同的方式来对待。

在当今社会,父母养育孩子时遇到的相当一部分问题都可以通过这样的方式解决——较深入地了解造成问题和加剧问题的原因。通常情况下,对处理孩子的问题而言最行之有效的办法是,父母在诸如他们自己的态度、个人信念和行为等方面作出改变。本书将帮助父母反思自己对儿童行为困境的反应,也提供对儿童心理的洞见。

父母在寻求改善与子女互动的建议时,必须牢记四个主要概念:

- 对于孩子的行为,父母与孩子的理解方式通常是不一样的。
- 对于每种情况,改变行为有很多种选择。
- 回想自己的童年经历会让父母做得更好。

- 随着孩子逐渐长大，他们的身体和心理都会受到生理因素 3
的影响。

对大部分家长来说，将以上这些概念与成功的育儿方法结合起来是完全有可能的。不仅如此，这也是养育一个快乐且适应良好的孩子的关键。

本书旨在为家长提供指导，但如果你在参考了本书的建议后发现家庭中的问题并未得到解决，那么对你而言，寻求专业治疗师的帮助将会非常必要。寻求专业人士的帮助绝不意味着父母承认自己的失败，而只是在寻求对“行为战争”（behaviour battle）有更广泛的知识储备的人的支持。

关于本书风格的说明

虽然我最初打算坚持使用没有性别差异的案例，但后来发现，我不得不在一些地方调整这种方式来维护文本的可读性。我在本书中大多数情况下都采用了男性代词，但这并不意味着有任何偏见。除非另有说明，否则本书中描述的情况既适用于男孩也适用于女孩。

1. 为什么要生孩子? 5

养育孩子并不像生孩子那样简单，但养育孩子并不需要你拥有一个大学学位，也不是一件只有专家才能成功完成的事。养育孩子需要的是一个视角：孩子与你共同生活一段时间，并且很快会成为一个成年人。你对孩子、自己以及社会都负有责任，你需要教会孩子如何成为一个关心他人、懂得尊重以及担得起责任的成年人。

你探索如何成为一个好父母的旅途的第一站，也许就是反思自己当初为什么要生孩子。

“如果我怀了他的孩子，他就会知道我有多爱他。”“我希望有一件事情可以让我们表达对彼此的爱。”“当时我们觉得生孩子的时机刚好，再晚的话，我们年纪就大了，不能享受孩子的陪伴了。”“我希望有一件东西是完全属于我的，没有任何人可以从我身边抢走。”“我很喜欢孩子，也一直想拥有很多子女。”“生孩子这件事就这么发生了。”

以上这些理由，都是我询问“为什么要生孩子”这个问题得到的答案。这些回答具有一个共同特点，而这个特点非常容易被忽略，那就是，孩子更多地被父母视为他们的所有物，而不是一个人。当孩子被提及时，他们仿佛只为满足父母的需求而存在，不是一个拥有自身独特渴望、希望和梦想的个体。

6 成为父母的那一瞬间可以说是一个人生命中最宝贵的时刻之一。创造新生命带来的喜悦、紧拥着孩子带来的满足感，以及儿女带来的自豪感，都是人类可以体验到的最强烈也最让人满足的感受。也许正因为我们对孩子的爱如此浓烈，我们才会在与孩子的关系出现裂痕时感到手足无措、沮丧和困惑。这些情绪会塑造你对做父母所需特质的认识，因而在处理这些情绪的时候，反思自身面对这些影响时的状态是比较有益的办法。

重要知识点

以自我为中心是孩子的天性。他们需要你投入的爱、时间和关注远超他们能给予你的。我们常常会先入为主地认为孩子应自发地、无条件地给予父母爱与接纳，但这其实是一种不正确的信念。

若想成为一名成功的父母，理解不同年龄的孩子在每个发展阶段的需求非常必要。尽管几乎所有的父母都可以做到这一点，但你首先必须具备一定的成熟度，而只有时间和经验才能使一个人成熟。

案例研究

下面，我们来看一件我经历过的事情：一个怀着第八个孩子的女人向我抱怨社会服务部门在她的孩子出生不久就将他们带走了，理由是她疏于照顾。这个女人目前的计划是继续生孩子，直到社会服务部门没精力再为这些孩子找寄养家庭。到那个时候，她就能把所有孩子都带回来，并按照她希望的方式抚养。

这个女人并非没受过教育，也没有什么严重的情绪问题。尽管从某种程度上说，她生这么多孩子有些极端，但不幸的是，她的这种育儿观念很普遍。她相信生育行为本身就足够培养出养育孩子的能力。对于生孩子，她考虑的是自己的个人需求，她想要拥有一件属于自己的东西，而独属于她的这件东西将会全心全意地爱她。她并没有考虑到她的孩子作为一个尚待发展的人拥有怎样的需求。只是爱孩子，对于将孩子培养成一个快乐且适应良好的人而言，是不够的。

也许这样的观点一度是可以被接受的，但现在并非如此。当 9
今社会为养育子女设置了各种各样的基础指导。作为父母，你必须充分满足孩子的衣食住行需求，还要为他们提供相应的教育。不仅如此，体罚已被有关法律严令禁止。身体虐待、性虐待以及

情感虐待都是被禁止的。但遗憾的是，虐待的定义往往含糊不清。

重要知识点

大多数人会认同，对一个小孩大吼大叫或者用语言辱骂（例如，混蛋、傻瓜、无能、丑陋）是不能接受的，甚至可以算情感虐待。那么，如果你告诉女儿你想要个儿子而不是她呢？如果你告诉你的孩子，他们根本没有父亲，有你就该知足了呢？这些行为是在尝试以开放且诚实的心态沟通，还是说它们实际就是情感虐待？问题的答案取决于你对孩子发展阶段和推理能力的理解，以及你自己的动机是什么。

在过去几十年的实践经验中，我发现，“理解自己当初为什么要生孩子”对养育一个快乐的孩子而言至关重要。当把这种对自身动机的反思同孩子与其年龄相符合的能力相结合时，养育子女不仅会变得容易许多，而且可以成为一种充满乐趣的体验。对自我的认识可以帮你意识到态度和行为会怎样影响孩子表现出来的问题。与此同时，你也许可以做些什么来改变他们的行为。

不过，一定要记住，对自我的认识并不一定意味着自责。很多时候，来找心理学家的父母常常对孩子那些无法控制的爆发或不讲理的态度感到内疚。他们常常觉得孩子出现问题都是自己的错。他们还认为，如果孩子在公众场合因父母拒绝买吃的或玩具而无法控制地尖叫，周围的人会将他们视作坏父母。父母需要记住，孩子并非天生就是一块可供我们任意书写的白板，我们并不能决定他们的心理公式。

重要知识点

孩子天生具有特定的倾向，而这些倾向由他们的成长环境、汲取的滋养以及包括父母在内的他人对他们作出的反应塑造。因此，哪怕父母觉得自己可以在孩子身上创造出某种自己希望孩子拥有的特质，实际也只能对孩子的发展过程起到一部分作用。儿童的基本特质曾被视作与他人互动的产物，比如羞怯。但实际上，儿童的特质往往在很大程度上受遗传因素的影响。例如，科罗拉多大学（University of Colorado）和宾夕法尼亚州立大学（Pennsylvania State University）的研究人员在观察同卵双胞胎和异卵双胞胎时发现，羞怯这一特质大概有一半要归因于遗传。

不过，这并不意味着父母在养育孩子时遇到的困难应该被 11
单纯地视为孩子内在本性的一部分。父母不应当把孩子的问题行为都归咎于自己，而应承担起改变或调整这些行为的责任。

不管是从数量还是从种类来看，父母可以尝试的东西都很多。只要方法正确，哪怕问题不能完全解决，孩子在行为方面也会出现显著的进步。你可以运用后续各章推荐的一些活动来培育一个可以为之骄傲也能带来快乐的孩子，一如刚怀孕时曾期望的那样。培养一个表现良好的孩子所带来的成就感，是你人生中能拥有的、值得拥有的最真挚的丰富经历之一。

2. 接下来就有三个人了 13

通常情况下，孩子会通过五种方式进入一个家庭：

- 计划中的事件；
- 令人快乐的惊喜或没那么开心的意外；
- 经历不育治疗之后的降生；
- 收养；
- 从其他家族成员那里过继。

孩子进入一个家庭的每种方式都伴随着独特而相似的挑战。心理咨询师发现，一般而言，夫妻间的争吵往往围绕三件事——钱、性和孩子。然而，照常理我们可以说，孩子在很大程度上影响着钱和性。

如果新添的这个家庭成员是在计划之中的，或者说是父母渴望的，那么父母也许更能接受孩子到来之后自己可能不得不放弃一些事情。为家庭新添一个成员是他们确定的一个共同目标，因此当他们为了照顾宝宝而不得不限制自己的户外活动时，他们至少可以合理化，认为这是他们自己的选择。父母可能依旧不喜欢失去自由，也不喜欢这一切带来的花费，但通常情况下，这是他们可以接受的。

在另一种情况下，如果孩子并非按计划进入父母的生活，那
14 么这个“意外”既可能是意外之喜，也可能是意外之灾。如果父母双方都认为新增一个家庭成员不仅是他们渴望的，时机也刚好，那么这种情况的结果会与上述“计划中的事件”一致。但不幸的是，怀孕这件事给夫妻双方中某一方带来的压力总会比另一方更大。怨恨与指责是夫妻间对计划外怀孕的典型反应，往往是出于对怀孕的相关费用以及怀孕时机的不满。这种愤怒甚至可以升级到分手的程度。或者在某些情况下，两个人不得不在双方还没有对婚姻的承诺有充分准备时尽快结婚。

实用小贴士

处理计划外怀孕的关键在于以开放而诚实的态度与重要他人沟通。由于大部分即将成为父母的人都会经历相似的历程，因此要尽量将自己初为父母所感到的恐惧控制在合理范围内。在我们的生命中，真的有一个我们完完全全准备好去迎接一个孩子降生的时间点吗？会有我们终于为养育一个孩子真正攒足了钱的一天吗？尽管对于这些问题，大部分父母会立刻回

答“没有”，但他们依然成功地养育了健康快乐的孩子。其实，只要你愿意直面恐惧并和你的爱人分担这份恐惧，你也可以做到。只要你们携手共进，就可以消除你们的担忧，也能充分弥补那些真实的或自己假想出来的为人父母的不足。

除了围绕怀孕这件事的典型担忧，不孕治疗本就有其特殊的
包袱。这样的家庭往往对怀孕抱有极大的期待，怀孕后却会一次 15
又一次地感到失望。由于需要根据随时可能出现的排卵征兆来安排性生活，在这样的家庭中，性生活成为一种例行任务。在怀上孩子后，对性生活态度的转变会持续很长时间。

实用小贴士

“按需提供性生活”听起来像在描写妓女。但在预测排卵期时，无论你的情绪状态如何，这类性生活本质上却是必要的。如果你能在这种状况中学会与另一半共同乐观面对，并看到你所做的事情中存在着幽默成分的话，那么大部分的怨恨情绪就会自然消失。这样一来，暂时的不便就会成为你们共同的生活经历中令人着迷并感到亲密的小趣事。

一对夫妻走到“收养孩子”这一步的时候，往往已经历了一段

相当挫败的怀孕未果的时期。大多数人会发现收养过程相当漫长，而且很昂贵。与需求相比，可以收养的婴儿数量较少。收养这个决定会给你带来一系列冲突，如个人种族上的偏向，或者对性别和年龄的偏好，甚至也有可能会收养一个“有特殊需求的孩子”。

另外，收养孩子的家庭如今往往不得不面临这样一种可能
16 性：与孩子的亲生父母共享这个孩子。美国开放性收养协会（American Association of Open Adoption Agencies）将“开放性收养”（open adoption）定义为“亲生父母与被收养的孩子之间保持持续且有面对面接触的亲子关系的一种收养方式”。1975年，英格兰和威尔士出于道德考虑，通过了允许被收养者获取自身出生记录的法律。英国国家统计局（UK Office for National Statistics）预计，在所有被收养者中，会有33%的人最终要求拿到他们的原始出生记录，尽管研究表明这个数字在某种程度上可能偏低。这些顾虑会极大地考验收养孩子的夫妻的稳定性和一致性，有时甚至会导致他们离婚。

实用小贴士

你拥有爱的能力，而且想把这份爱给予家庭中的新成员。换言之，你在创造一个家庭。尽管收养之路可能很艰难，但它

是有终点的。抵达终点的时候，大多数人都会认为这段旅程中的努力非常值得。

当今社会中，越来越多的女性选择单身生育，她们也许没有在情感上准备好成为一个母亲，可她们依然选择不流产。相反，她们会找个亲戚来收养这个孩子。养育亲戚的孩子这种收养方式，不仅会带来很多与收养相关的困扰，而且由于大家族的成员都知道孩子的亲生父母是别的亲戚，这一点还会给收养带来更多
复杂性。最常见的担忧在于，也许在某个时间点，亲生父母会想 17
夺回自己的“权利”。对大多数夫妻来说，这个顾虑就像个“嘀嗒”计时的定时炸弹。应对这种顾虑需要超乎寻常的情感能量以及灵活性，这样夫妻之间的感情才不会被它腐蚀。

实用小贴士

“百治不如一防”这句俗语一定是对的。与其担心亲生父母可能会干扰自己的家庭生活，不如在为孩子担起责任的时候就明明白白地表达自己的态度和愿望。你从一开始就可以向所有家族成员表达清楚，他们可以对你的孩子做什么和说什么。接着，你可以把它们写下来，这样你和大家都会清楚地知道什么样的言行是恰当的。

无论一对夫妻从二人世界变成一个家庭的方式是什么样的，对于孩子的降临给夫妻之间的态度和互动方式带来的影响，很少有人会真正做足了心理准备。如果你问一个还没有孩子的人，成为父母的感觉是怎样的，他们通常会热情洋溢地描述自己关于子女的希望和梦想。大多数描述都围绕着养育孩子带来的快乐，他们将从中感受到的完满的感觉，以及能让他们变得既开心又成功的事情。他们大多会谈起自己的童年经历，并以此为参考，不论是作为立志追求的目标还是小心规避的雷区。夫妻双方通常都会
18 认同这些抽象的理想，但是只有在真正成为父母的时候，他们才会遇到真正的作为父母的难题。

我们来看看这三个对创造一个家庭而言非常关键的困境：

- 情感；
- 身体；
- 经济。

由于需要在喂孩子、换尿布、给孩子洗衣服以及换衣服这些事上花费时间，夫妻之间的性关系会被孩子的到来干扰。睡眠时间减少几乎是不可避免的。谁会真的喜欢一夜起床三次来哄哭泣的孩子呢？精疲力竭之际，夫妻二人通常会重新评估所有要做的事情的轻重缓急。在外面工作的一方通常会坚持自己必须有些休

息时间，而为了保证这一点，他们有时候会认为甚至会告诉伴侣，由于待在家里的伴侣现在“没有真正的工作”，所以照顾孩子是对方的责任。睡眠会变得比性爱更加重要。每天哄孩子上床睡觉不仅非常耗时，有时也非常令人挫败。

研究表明，有 10%—15% 的女性会患上产后抑郁症（postnatal depression）。这种特定的综合征往往会导致烦躁不安、焦虑、失眠和筋疲力尽。抑郁个体的性欲会显著丧失，这种情况可能会在孩子出生后持续数月，进而严重影响夫妻关系。

尿布、婴儿车和孩子新衣服的花销会使许多人大跌眼镜。由 19
于需要为这些物品买单，父母将不得不减少去酒吧的次数。有时候，仿佛除了工作和照顾孩子，父母做不了任何事情。私人时间和空间都消失了。如果夫妻一方拥有这些时间和空间，则会被留在家照顾孩子的另一方抱怨。

随着孩子长大，父母又需要决定生新宝宝的时间。有的父母想要两个甚至更多的孩子，也会开始担心孩子之间的年龄差。他们担心，如果孩子之间的年龄差得太多，会不愿意和彼此玩耍。与此同时，他们也担心，等到年纪大了就没有办法生孩子了。所有这些都会给夫妻二人带来分歧。

这些分歧可以被化解，但需要耐心，也需要彼此之间的理解。夫妻在商量要不要为家庭新增一个成员的时候，除了谈一谈通常要说的事情，沟通一下孩子的降生对自己每天的生活会产生的影响也很有必要：

- 你将如何处理收入减少这件事？
- 夫妻中的谁继续外出工作，谁留在家里？
- 孩子的祖父母可以照顾他们吗？
- 你想在大城市养育一个孩子还是在乡村呢？
- 什么叫作“溺爱”孩子，而什么不算呢？

20 这张问题清单并未列完，这些问题甚至是无穷的。

在组建一个三口之家前，你没必要把每个问题都回答一遍。不过，夫妻二人开诚布公地一起建立一套体系来应对养育孩子过程中所有不可避免的分歧是非常重要的。

重要知识点

最关键的概念包括：

- 携手共进的感觉；
- 尊重彼此；
- 学会让步；
- 把目光放长远的能力。

你和你的伴侣是一个团队，你们一起承担了世界上最重要的任务之一。哪怕你们可能并未意识到，但你们二人都有关于养育孩子的非常宝贵的见解和意见。

案例研究

“愿意母乳喂养孩子多久”这个问题就是一个很好的例子。
特别喜欢宝宝的女性可能会想一直母乳喂养，直到孩子 3 岁或以
上。然而，她的丈夫可能期待着孩子长大，自己能教孩子运动或
别的自己很喜欢的消遣。这样一来，丈夫就可能把延长母乳喂养
视为延缓孩子发展过程的行为。他可能会说“别再溺爱他了！” 21
来直接发泄自己的不满，但这样一来妻子就可能认为他对母亲和
孩子的需求不够敏感。在这种情况下，父母双方都没有错。一起
讨论你们的目标和期望通常会帮你们找到共同点，也能避免伤害
彼此的感情。

你一定要不断提醒自己，养育孩子是一个终将结束的阶段。当子女长大，成为独立的个体，他们会搬出去，然后家里便又只剩下你们两个人。如果你们在这个阶段把对彼此的爱与尊重保存好，那么人生的下个阶段就会如原来一样令人愉快和满足。

23

3. 那天之后

经历过风雨洗礼的人，在挺过那些艰难时刻后，会更相信自己的能力。

——艾伯特·班杜拉（Albert Bandura），

《人类行为百科全书》(*Encyclopedia of Human Behavior*)，1994

组建家庭之时，养育孩子的喜悦和压力就在现实中同步开始了。看着孩子迈出第一步，听到孩子说第一个词，以及被孩子叫“爸爸”或“妈妈”带来的自豪感，都是我们人生中千金不换的时刻。然而，依然有些非常重要的问题需要我们去应对：

- 与孩子共度时光；
- 给主要照顾者一些休息的机会；
- 继续把家务做好；
- 留些二人世界的时间。

除非夫妻一方及时解决一些引发分歧的问题，否则这些问题就会造成争吵甚至伤害对方的感情。

通常情况下，夫妻中会有一方继续工作，另一方则待在家里照顾宝宝。然而，当家里的除尘不如原来频繁了，或者没有洗的盘子在厨房里堆积起来的时候，外出工作的一方也许会开始对待在家里的另一半吹毛求疵。此外，待在家里的一方会认为，外出工作的另一半完全不了解照顾孩子的各种事情需要耗费大量的时间。当外出工作的一方声称自己在家需要休息时，夫妻很容易发 24
生争吵，毕竟，双方都已经工作了一整天。

重要知识点

如果你们对彼此的需求都很敏感，而且都认为双方对家庭的贡献同等重要，此时，愤恨的情绪就能避免。请记住，“同心驶得万年船”。

外出工作的一方晚上应在孩子身上花多少时间？这个问题的答案很复杂，也取决于父母双方的个人需求。因此，这个问题没有标准答案。对孩子来说，从出生开始，来自父母双方的陪伴都是必要的。父母双方都应该明确自己有多少与孩子相处的需求，也应该明确孩子有多少与自己相处的需求。想要与孩子建立起感情，陪孩子玩耍非常重要。

在“美国国家青少年健康纵向研究”（United States National Longitudinal Study on Adolescent Health）1997 年的一次结果

汇报中，明尼苏达大学（University of Minnesota）的雷斯尼克（Michael D. Resnick）教授及其助手对比了两类青少年：一类青少年的父母经常整日不在他们身边；另一类青少年的父母不论是在他们入睡时、醒来时还是放学时都陪在他们身边。对比的结果发现，常有父母陪伴的青少年出现情绪困扰的可能性更低。如果青少年和父母共同参与一些活动，他们出现情绪困扰的可能性会大大降低。

25 花时间陪伴你的爱人，这件事与抽时间陪伴孩子同样重要。在成为三口之家前，你们是一对夫妻，希望孩子长大成人后你们仍是一对恩爱的夫妻。不过，这并非不费吹灰之力就能做到。在养育孩子的时候依旧视彼此为伴侣，也视彼此为独立的个体，这一点非常重要。处于二人世界时，你曾给予爱人的爱意，包括赞许、微笑、爱抚、深情的吻和性爱，在你们成为父母并组建了三口之家时也同样重要。

父母应当留一些属于自己的时间，而且也不用感到愧疚。当你这样做的时候，你其实是在为自己的孩子树立榜样，这样一来，他们长大成为父母后也会这样做。“成为父母”这件事应当被视为充满乐趣的双人冒险，而不应被看作一种负担或以往关系的终结。

即使生活中你在父母角色与伴侣角色之间找到了平衡，而且在众多育儿准则上与伴侣达成一致，孩子还是有可能出现行为或情绪问题。后续各章将会帮你解决这些困难中的一部分，并且提供被许多家庭证实有效的补救措施。如果说数十年的治疗经历可以清晰地教会我一件事，那就是每个问题都会有相应的答案。请永远保持希望，坚持不懈，相信爱与理解能够战胜一切。

27

4．野孩子的攻击

宠子未有不骄。

——中国古语

案例研究

这位母亲的儿子3岁了。起初，小男孩看起来表现不错。他在我办公室的地板上自顾自安静地玩着，他的妈妈则向我倾诉，说她很担心自己的孩子有严重的问题。因为每当他受挫，他总是会咬自己或别人。有时候，他会失去控制地尖叫，而最近，他开始用头去撞地板、墙、门或任何他够得着的东西。

就在我们说话的时候，小男孩已经玩腻了我给他的玩具。他走到我办公桌旁的墙附近，开始鼓捣一个插满各种电线的插座。他妈妈开始变得焦虑不安，用一种非常坚决的语气说："杰里米（Jeremy），不可以！"男孩却充耳不闻。当他开始拉扯电线时，她的声音提高了几个分贝，加重语气说："杰里米！不许这样！"但男孩依然不理会她。

这次，男孩直接把一根电线从墙上拔了下来，尽管他妈妈此时还保持着坐在沙发上的姿势，而且离孩子还有一些距离，但她近乎绝望地叫道："杰里米！我跟你说了不许这样！别再碰那个东西了！"接下来，杰里米的举动非常迅速，而且是戏剧性的。28
他用刺耳的声音尖叫着扑倒在地上，咬着自己的手，而且一边哭一边在地上打滚，把够得着的东西全都踢翻。这时候，他妈妈已经泪流满面，显然觉得很尴尬。她立刻把杰里米抱进怀里（尽管这样做使得她的腿被孩子踢了好几下）并且试着安慰他，用温柔的声音对他说："没关系的，杰里米。你伤到自己了吗？来，让我看看你的手。来，让妈妈亲亲它，这样就会好一点。没关系的，杰里米，妈妈爱你。"

为了安慰男孩，她把他放在自己的腿上来回晃动。渐渐地，尖叫和抽泣慢慢平息了下来。男孩终于安静了，于是她轻轻地把他从腿上抱下来放到地上。杰里米挑衅地看了妈妈一眼，然后踢了一下她的小腿，又走向了电线。他妈妈的行为又变了，她尖叫道："不行！杰里米！我跟你说了，不许动那个！"

作为对妈妈的回应，男孩穿过我的房间，挑了一个地方用头去撞坚硬的墙壁，"咚咚"的声音清晰可闻。同时，他又爆发出新一轮令人毛骨悚然的尖叫，甚至几间屋子之外的接待员都打电

话来确认是不是一切正常。此时，他妈妈已经抑制不住开始抽
泣，她重新把杰里米抱进怀里，一边在沙发上晃动他，一边安慰
他。她亲吻杰里米的额头，安慰他说，妈妈爱他，一切都会好
29 的。杰里米却继续踢打她，也继续破坏所有他碰得到的东西。这
位母亲接下来近乎恳求地问我：“你觉得他是不是患上了脑瘤？”

在办公室里遇到类似情况的治疗师不在少数。当然，对于母亲的问题，我的回答是：“不，我并不觉得脑瘤是原因所在。”当父母担心孩子有遗传或生理上的问题时，或者担心孩子被魔鬼附身时，他们往往会来寻求帮助。父母甚至会为此寻求牧师的祝福。不过，这种情况并不是因为孩子被恶魔附身，也不是遗传导致脾气暴躁。相反，这种状况的成因是儿童心理学家近十年来一直在处理的。它被称为“不适当的强化”（inappropriate reinforcement）。

强化理论（reinforcement theory）或操作性条件作用（operant conditioning）是相当简单的概念，但在养育孩子的背景下有着不同寻常的含义。任何能提高结果发生可能性的事物，都可以被视为正强化物（positive reinforcer），而任何降低结果发生可能性的事物，都可以被视为消极后果（negative consequence）。

对一个孩子来说，正强化物可以是拥抱、亲吻、关注、抚摸、柔和地表达爱、食物、玩具，等等。孩子渴望这些事物，因此会以最有可能获得这些事物的方式行事。而消极后果可以是剥夺以上任何一个事物，也可以是打耳光、严厉批评或大吼大叫，等等。对父母而言是消极的事情，在孩子眼里也许是积极的，明白这点很重要。例如，通常情况下，把孩子关进他们自己的房间 30
会是消极后果，但他们的房间对孩子来说是一个充满玩具和游戏的地方，这对他们而言是一种积极体验。

当父母希望孩子重复某一个行为，如把玩具拿走，他们可以在孩子这样做之后开心地大叫，并在给他一个拥抱的同时表扬他是“好孩子”。如果父母希望孩子停止做某些行为，他们会经常吼道：“不行！不许这样做。”

我们中的大多数人都是从自身从小接受的教养或社会对我们行为的反应中直观地认识到以上这种原则的。甚至我们的整个法律体系在分解到最基本的元素时，其实也都是基于这些简单的原则。

那么，既然没有一个神志清醒的人会奖励或鼓励孩子的某些不良行为，那么究竟是什么导致一个孩子发展到离正轨这么远的地方，以至于每个人都会觉得他的行为完全无法接受？对于这个问题，我的答案是，父母给出的回应要么不恰当，要么回应的时机不对。

在杰里米的案例中，他的妈妈在过去的某些时刻是鼓励好奇心和探索行为的。毕竟，我们希望孩子有一天能独立并了解周围的世界。

当杰里米学会走路、说话和玩玩具的时候，他的父母给予了他表扬和拥抱，从而鼓励了这些探索行为。当然，杰里米在探索时会做一些被认为是不良或不好的事情，比如拉猫的尾巴，这会使他被抓伤，也会让他疼到大哭。

31 几乎所有父母都不愿看到孩子痛苦的样子，通常情况下，他们会冲到孩子身边安慰他们，说自己能让他们的痛苦减轻。他们亲吻孩子，拥抱孩子，同时用温和舒缓的声音和孩子说这类话：“这可真是只淘气的猫！杰里米，你现在听我说，你不应该拉猫的尾巴，这是不对的，这会伤害小猫，也会伤害你！”这几乎是一种与生俱来的本能，但它可能会导致孩子发展出严重的暴躁脾气，因为父母实际上在无意间传递给了孩子一些令他们非常困惑的信息。

一方面，父母此时给予了孩子正强化物（拥抱、亲吻、舒缓的声音），这与鼓励良好行为时使用的强化物一样；另一方面，父母在无意中将这些强化物与某些不良行为联系起来（如拉猫的尾巴）。在成年人看来，他们已明确指出孩子做了一些不良的或危险的动作，因此他们已经将这两种情况分开了。这在父母的眼中或许分得清楚，但事实上在孩子眼里并非如此。

我们中有多少人遇到过这样的场景呢？上面描述的这种情况发生之后，就看到刚被安慰好的孩子一边愤怒地跺着脚，一边说着“臭小猫！”来把猫吓跑。接下来，父母的回应是至关重要的，因为此时孩子会认为问题在于猫，错的是猫，而不是他。通常，看到自己的孩子安然无恙，父母会感到很欣慰，因此就会忘掉刚
刚的焦虑，反倒会开心地笑出来。这样一来，孩子就会非常确定 32
地认为客观的事物（这个例子中是猫）有问题，而自己的行为是没问题的。

当孩子再去拉猫尾巴的时候，他很有可能会再次责怪猫，因为他被父母的笑不适当地强化了。但是，如果在孩子冲着小猫跺脚的时候，我们用非常坚定的语气，批评性地告诉他：“不可以，杰里米！小猫没犯错，是你拉了它的尾巴伤到了它。我们不可以伤害小动物，我们要温柔地对待它们。”这样一来，你就通过自己的语气，对“伤害小动物”这个想法给予了负面回应。

杰里米的妈妈试着用对他大喊的方式来制止他的不良行为，

但是这种方法的效果很快就被将他抱在腿上、晃动他、亲吻他等这些强大的正强化物抵消了。杰里米接收到的信息很混乱，这让他感到沮丧，接下来他就会攻击他的妈妈，最终又演变成撞自己的头。这些“不好”的行为发生之后，妈妈却再一次抱着他、摇晃他，这无意中强化了他的自我伤害行为。这个不幸的循环似乎周而复始，而且会一直持续下去。

重要知识点

消除大多数问题的关键在于全面理解你对孩子采取的每一步行动。你必须理解对孩子来说什么是强化物而什么不是。接下来要在自己的大脑中，对什么是可接受的行为，什么是不可
33 接受的行为，有一个清晰的界线。如果接下来你只在孩子出现你不希望的行为时才采用消极后果，也只在你鼓励孩子去做的行为出现时才使用正强化物，那么孩子脾气暴躁的情况，不论在强度上还是频率上都会迅速消退。

这种办法对年幼的孩子来说，足够清楚也相当直接。父母可以通过练习来逐渐领会这种区别。年龄较大的儿童和青少年的情况往往会更复杂，不过上面提到的原则是通用的，而且我们经常会在面对这些大一些的孩子时犯同样的错误。

案例研究

例如，一个到了学龄年纪的男孩骑着他的自行车进入一条下行的山路，而我们曾一再告诉他不要走这条路。他在松散的沙砾上滑了一下，遇上了一场小事故（这是父母之前已经预见到的），而现在，来到我们身边的他，腿擦伤了，而且沾满砾石碎屑。当父母把沾在腿上的砾石碎屑清理掉时，孩子痛得叫出声来，而父母就会责怪他做了曾经被警告过不要做的事。与此同时，父母又想安慰孩子，告诉他腿会好起来，也想要说些温柔的话去安慰他。这种时候，父母传递给孩子的信息也是令他们困惑的。

为避免这种混乱的信息，父母必须清晰地区分出什么是他们
真正想要展示给孩子或告诉孩子的。孩子受伤时，首要任务一定 34
是安慰和处理伤口。只有在完成孩子躯体所受的伤的治疗，而且平静下来之后，我们才应该向他解释说这类可以预见的事故正是我们不让他骑自行车走那条山路的原因。在以上这些任务完成后，父母一定要对孩子不听话的行为施行一些惩罚。其中一个适当的消极行动可以是剥夺孩子第二天骑自行车的权利。恰当的时机以及区分不同的沟通内容，都是非常重要的。

对非常容易冲动的年龄稍微大一些的孩子来说，尤为如此。许多父母发现做到这些很难，在他们自身情绪很激动的时刻，他们会觉得有必要立即作出补救。非常值得花些时间去反思所做之事在怎样的先后顺序下是最恰当的，正所谓“磨刀不误砍柴工”。

当然，防患于未然总是最好的方法。不过，如果孩子已经形成消极的行为模式，也并不意味着没办法补救。我们已经发展出调整行为的方法，它在改变行为上往往非常成功。作为这种方法的一部分，父母首先非常有必要了解他们的反应如何创造了这种有问题的模式，如此他们才能改变自己的行为方式，以便不再向孩子传递混乱的信息。安慰的举动和奖励的举动一定要与惩罚措施和消极后果分得清清楚楚。

35 许多父母非常困扰的一点是，如何对孩子使用消极后果。父母会担心他们是不是打孩子打得太重了，或是剥夺某种权利的时间太长或太短。这样的担心都在情理之中，因为“惩罚”往往只是抑制了行为，而不能纠正孩子行为背后的态度。然而，有一种屡试不爽的方法可以避免这个问题。父母可以使用一种叫作“平静中断法”(time-out)的对策，即在短时间内不允许孩子做有趣的事情。

实用小贴士

对孩子使用平静中断法乃基于以下原理：对任何年龄段的人来说，无聊都是一个消极后果。由于人类本性渴求刺激，因而当你使用平静中断法时，就意味着孩子被置于一个无法做任何事情的环境。这个环境可以是让孩子坐在一个角落里、坐在一把椅子上或者坐在一张桌子上，与此同时，孩子必须保持安静。在这种环境下，诸如读书、听音乐、和别人聊天、玩玩具或看电视，这些有意思的事情他们都不能做。不过，这些环境只能是无聊的，而不应是恐怖的或令人不适的。从以上这些描述中你应该能理解，把孩子关到自己的房间去，对他来说并不是真正的平静中断。

孩子被平静中断的时间不能太长，通常是孩子几岁就暂停
几分钟。不过，在平静中断时，孩子必须安静，如果他们大 36
哭、大闹或是大声喊叫，就要重新计时。如果他们能保持安静地坐着，那么这个良好的表现就会得到相应的强化物，也就是一个正强化物：他们会有机会回到平时的环境和活动之中，还可以有他人陪伴。

平静中断法是一种清晰地声明某种不良行为不受欢迎的办法。这种举动，加上对混乱信息的回避，会慢慢让孩子清晰地理解什么是父母希望他去做的。与此同时，发脾气、危险的行为等出现的频率也会开始降低。

如果另外一个成年人出现，并通过大喊大叫或哄骗的办法回应一个发脾气的孩子，那么这就相当于帮倒忙，孩子发脾气的现象很有可能会持续而不是消退。父母之间的不一致往往会导致孩子的不良行为更难被改变。导致这种现象发生的原因是孩子被再一次暴露于矛盾的信息，他不能确认自己的行为究竟是对的还是错的。父母、祖父母与其他看护者之间保持一致对消除孩子的暴躁脾气而言非常关键。

实用小贴士

虽然这些举动通常能成功消除暴怒的行为，但如果要进一步避免不良行为，则必须维护和拓展这些举动。“大自然讨厌
37 真空的状态”这句古老的谚语很有道理。在铲除了耍脾气的根基之后，你很有必要告诉孩子，你希望他们做什么以代替不良行为。对年幼的孩子来说，这意味着你要直接向他们解释，或者给他们做个榜样来教他们在这种情况下你希望他们怎么做。

而对大一些的孩子或青少年来说，如果你能引导他们自己说出采取什么行为更好，便是最好不过的了。如果孩子自己想出了“更好的行为”，并且用自己的话描述了出来，那么很有可能在下次出现类似情况的时候，他或她会按照这个更好的行为去表现。

处理青少年的问题

对你和你的孩子而言，越早开始改变基本态度和行为就越简单，也越容易有收获。在青少年中，脾气暴躁倾向于发展为叛逆和反抗，这种叛逆和反抗往往会以做危险或冒险的举动为特征，如偷东西、偷车兜风以及无保护措施的性行为，等等。不过，如果你的孩子已经是青少年了，你不用感到绝望，因为以上提到的处理年幼孩子的技术，若是另外加入讲道理的部分，也可以有效地改变你家青少年的行为。

随着青少年逐渐走向成熟，他们会发展出成年人的推理能力
和辩论技巧。如果你只是简单地给出结果，又不加以解释，那么
你就会显得过于专横和霸道。尽管通常情况下，青少年不会表现 38
出他们接受了你所给的惩罚背后的道理，但是在他们心里，他们

其实很重视你给出解释这件事。

重要知识点

当你为自己对不良或反社会行为的反应进行辩护时，你其实是在帮你家的青少年发展出成年人的推理能力。你在为青少年作出表率，告诉他们从不同角度看待问题的重要性，而不是像青少年习惯的那样，片面地看待问题，这也是青少年的特征之一。这个帮助青少年成长为讲道理的成年人的机会，不该被浪费。

要避免作招人烦的父母常作的反应，如对青少年说："因为我是老大！所以我说的都是对的！"成年人应该明白，如果他们工作时从上司那里听到这句话会有多生气。青少年也是如此。这类话会让他们感到挫败，也会使他们被激怒。因此，你必须试着做出公平、有同情心以及公正的榜样。

父母应时刻铭记，他们要尽力在孩子身上培养的品格是自律。当我们对不听话或反社会行为表现出愤怒时，我们通常倾向于攻击或伤害孩子（的身体或情感），这样他们就能"学点教训"。因此，如果孩子没有哭或感到疼，许多父母就会觉得他们给出的惩罚不够重。这其实是无稽之谈。为人父母的目标是教会

孩子自律。对孩子施加痛苦，较好的情况下是浪费时间，最差的 39
情况则是收到南辕北辙的效果。告诉孩子在我们眼里什么是对什么是错，这种回应的过程和理念才是我们应该教给他们的最重要一课。如果用这个概念去支持我们对孩子的回应，那么孩子就更有可能发展出自律。

41

5. 满口谎言

永远说实话，这样你就不用去记你曾经说过些什么。

——马克·吐温（Mark Twain）

“无论他说什么你都不能相信！哪怕没有必要，他也会撒谎。他知道我最无法忍受的就是骗子，我会因为撒谎更严厉地惩罚他，比他以前做的其他错事罚得都重！”

我曾听到很多父母说这样的话，他们似乎发自内心地不理解为什么孩子无法明白“诚实才是最好的对策”。为了消除孩子的撒谎行为，父母采取的行动常常是想方设法“给他们一个永远忘不掉的教训”，如打耳光、讲道理或剥夺孩子的玩具或娱乐。大一点的孩子可能被关在家里不让出去，或是做喜欢的事的时间被限制。但这样的教养方式对改变撒谎行为几乎没有效果。

当父母决定寻求咨询师的帮助时，孩子通常已经事事撒谎了，而且这样的状态往往已经持续好几个月，甚至几年。不论孩子多大，消除撒谎这种普遍存在的行为既不是一件容易的事，也不是一件短时间内就可以完成的事。不过，这类情况从来都是有希望改变的。

父母要做的第一件事就是，列出不诚实行为发生在哪些最重要的领域或哪些活动中。通常我们会得到一张大概有五六项的清 42
单，其中常常会包含刷牙、做作业、完成家务以及喂宠物。大多数父母会对这张清单感到惊讶，因为撒谎太令他们沮丧了，以至于他们本以为谎言无处不在，以为孩子对自己做的一切都会撒谎。父母通常会发现问题远没有自己想得那么严重。

父母要进行的下一步，就是思考并列出孩子的优点：

- 他们会说他们爱你吗？
- 他们做过让你骄傲的事情吗？
- 他们完成过你交给他们的任务吗？

如果不出意外，以上问题的答案几乎都是肯定的。父母接下来会逐渐意识到，他们对孩子的看法因目前的困境而扭曲了。

那么，究竟是哪里出了问题，让你的孩子从一个坦诚的人变成一个对几分钟就能完成的简单任务都要撒谎的人呢？为什么你的孩子要花费大量精力，精心编造故事（如谎言）来解释他们为什么没有做某件事，而不是直接把事情做了呢？答案简单却引人深思：过去，撒谎对孩子而言是有效的，因为谎言成功地帮助他

躲避了任务和 / 或麻烦。

43 父母常常觉得孩子对自己撒谎是对自己的冒犯。父母觉得孩子在某种程度上背叛了自己，而且变得不再值得信任。毕竟，他们不是经常对孩子强调诚实吗？于是父母往往得出结论：因为这并不符合父母自己的信仰和价值观，所以一定是有人教会了孩子撒谎。然而不幸的是，这往往是一种误解。

要正确理解撒谎的缘由，父母必须认识到孩子与成年人思考问题的方式是不一样的。这多少有些难以理解，因为我们倾向于认为我们当前思考和推理的方式是我们一直以来都在使用的，唯一的变化是随着时间的推移，我们年纪更大了，经验也更丰富了。

皮亚杰（Jean Piaget）曾是一位生物学家，后来转而开始研究儿童的认知发展过程。他观察的主要领域是儿童理解和回应外部世界的能力如何随着时间发生变化。儿童在心理成熟到一定程度之后才能做某种类型的思考，而这类成熟往往倾向于在某些特定的年龄段发生。

试一试

这里有一个父母可以与 7 岁以下孩子做的简单实验，这个实验可以帮你了解孩子的推理能力。这是一个关于“物质守恒”（conservation of matter）概念的例子。

让你的孩子坐在桌子的一侧，然后在桌上摆上三样东西：一 44
壶清水和两个同样容量的杯子，这两个杯子一个高而细，另一个矮而宽。

告诉孩子要仔细观察，同时在矮而宽的杯子中倒入一半的水。接下来，把这个矮而宽的杯子中的水倒入高而细的杯子。然后拿起水壶，再次把等量的水倒入矮而宽的杯子。现在问孩子一个很简单的问题：哪个杯子中的水更多？

成年人的推理能力告诉我们，由于我们首先把矮杯中的水倒入高杯，然后又向矮杯中倒入与之前一样多的水，因此此刻高杯与矮杯中的水应该一样多。然而，几乎所有 7 岁以下的孩子都会认为高而细的杯子中的水更多。这并不是他们没学过或是缺少认知经验，而是由于孩子的大脑还不能像成年人的大脑那样执行各项功能这个事实。

7 岁时，孩子大脑的生理成熟度开始允许他们发展出成年人的推理能力，从而有可能解决这类问题。在此之前，他们“不成熟”的推理能力就是，高杯子更高，因此里面的水更多。

做完这个实验之后，许多父母都会针对孩子错误的思考方式
给他们讲道理，向他们解释为什么两个杯子中盛的水一样多，有
45 的父母甚至会非常强硬地解释。可是，当父母不在身边时，孩子
又会回到原来的状态，相信高一些的杯子盛了更多水。

重要知识点

如果你能接受孩子无法像成年人那样对简单的盛水多少的问题进行推理这个事实，你又怎么能期待孩子从一个成年人的角度去推理“诚实”这种更为复杂的概念呢？答案非常明确，孩子看待诚实和谎言的方式与成年人不同。

父母往往会假定，一个不说实话的孩子辜负了父母的信任。但实际上，“撒谎”是一个成年人的概念，它只能用于青少年或其他成年人。

然而，这不意味着我们应当放弃教授孩子道德价值。积极的道德引导是父母养育工作的基本任务，应当尽早开展。在面对一个你认为不诚实的孩子时，你所有行为的目的都应基于帮他成长为一个拥有良好道德感和伦理感的成年人，而不应假定他们已掌握这些概念，只是在故意与你作对。

当你完成了自身思维方式的转换，大多数由撒谎行为带来的

不满和不安都会消失。你可以重新定位目前的情况，并把它视为一个教育孩子的好机会。

大多数孩子都希望得到周围成年人的表扬和关注，因此他们 46
会说一些能为自己带来表扬的话，哪怕有时候不是真的（对成年人来说也许是个“谎言”），这样一来就很好理解孩子说谎了。不过，这并不意味着你要容忍孩子的谎言，接受他们不说真话。与此相反，这意味着你要告诉他们讲真话（如他或她并没有完成喂狗的任务）而不是你想听的话会有回报。

假设你问孩子有没有打扫自己的房间，而他可能做了一部分你期望他去做的与打扫房间相关的事，但没有全部完成。在孩子的心里，他想让你对他感到满意，因此他更倾向于简单地回答“打扫了”。在这个半真半假的情况中，孩子是在说谎还是在讲“真话”呢？大多数时候，这个问题没有一个清晰的答案。当父母怀疑自己的孩子并没有做完所有要求他们去做的事情时，通常会紧接着盘问孩子究竟做完了什么。当孩子承认并没有把每件事都做完时，父母常常会觉得孩子“撒谎”了，从而感到很伤心。不过，如果你非但不对孩子发脾气，反而表扬他完成的事，并告诉他，他告诉你他做完了什么、没做完什么，这种诚实让你为他感到骄傲，再耐心地向他解释他还需要做哪些事情才算完成这项家务，这样就实现了双

47 赢。这种方式可以帮你训练孩子诚实地回答你的问题，从而将一个潜在的负面结果变成一个教育孩子的好机会。

当然，任务本身很重要，而孩子也必须学会完成任务。用大吼大叫或认定孩子又懒又不老实来羞辱孩子往往没什么效果，而且常常会适得其反。父母试着作出这种改变的时候，往往会遇到困难，因为他们不知不觉中就把孩子定义成说谎者。意识到这种困难并学着避免是非常重要的。如果父母预先对孩子有了判断，便可能在问孩子问题前预设了孩子的回答，进而可能会用几类不同的方法问问题。你也许会对孩子说以下这些话，而且也清楚孩子如果诚实回答，答案应该是否定的：

- 你是不是写完了所有作业？
- 碗洗完了吗？
- 从电影院出来后你是不是直接回家了？

事实上，你知道这些任务没有完成，因为你和孩子同学的父母聊过了，知道当晚作业需要很长时间才能做完，或者你回家时看到了水槽里的脏盘子，又或者你的朋友之前告诉你，孩子在他
48 家待了一下午，显然没在看完电影后直接回家。大多数父母认为问孩子这些问题是在给孩子一个对自身行为“诚实坦白”的机会，但实际上，这是在引导孩子说谎。

更有效的方式是这样的，你可以对孩子说：“我进门的时候，看到脏盘子还在水槽里。我让你回家之后把它们洗干净。你是想现在洗还是吃完晚饭再洗呢？”对于他们去了朋友家而不是直接回家的情况，你可以说：“约翰（John）的妈妈告诉我，你在她家玩了一个下午。你没有听我的话直接回家。我们得聊聊你应该怎么做而不应该怎么做。”关于作业你可以这样说：“我知道你今晚的作业需要花很长时间完成，因此在我回家前的这段时间里你应该是完不成的。你要我现在或者晚饭之后帮帮你吗？”

在这些情况下，你都在引导孩子说实话，同时也在引导他们思索解决办法。他们会认为你站在他们这边，而不会因害怕被惩罚而努力讨好你。

这是不是意味着你的孩子不听话时，你就视而不见？当然
不是。孩子作业没写完、家务没做或违反规矩的时候，应当
给出一些惩罚［如平静中断、罚站或撤销特权（withdrawal of
privileges）等］。但是应当出于没有完成任务而责备孩子，而不 49
是故意使用“羞辱”或“让孩子内疚”的方式让他们听话。你应
当做一个帮孩子尊重规则和权威的伙伴。作为父母，你需要教会
孩子，“真实”和“诚实”作为概念，应该以其自身的权利来珍
惜，而不是出于恐惧被动接受。

面对大一些的孩子

随着孩子长大，这些基本原则依然适用，但也需要把一个新的需求纳入考虑范围。那就是，尽管青少年还未完全拥有成年人的推理能力，但他们的推理能力已开始发展至与成年人相似的阶段。因此，当一个青少年撒谎，在理解和改变这些撒谎行为时，必须考虑不同方面。

成本–收益分析

首先，有一个叫作“成本–收益分析”(cost–benefit analyses)的概念。简单而言，青少年会权衡损益，会衡量说真话他们会“付出”多少，也会衡量撒谎会“收获”多少。假设你让你家的大男孩去做这三件事：

- 倒垃圾；
- 打扫房间；
- 打扫花园。

工作一天，你疲惫地回到家，却发现这三件事他一件都没完
50 成。大多数父母脱口而出的第一句话就是：“你有没有做我今天交给你的事？”

这个大男孩可能有两种反应：

• 他可以告诉你真相，说他没做这些事，然后会被惩罚；

• 他可以撒谎，说他没做这些事，但是打算过一会儿做。

如果这些事他做了一部分，那么第二种反应就更有可能发生。如果他说实话，他要么得到惩罚，要么至少挑起一段争吵。

如果他撒谎，则有两种可能的结果：

• 你相信了他，他不会被惩罚，而且也许能在你明白发生了什么之前，把家务做完；

• 你不相信他，你的不愉快会让他不舒服。

这些选择意味着你的孩子要在两个选项中作出选择，一个选项会百分之百得到消极后果，另外一个选项有百分之五十的可能性避开消极后果。作为一个成年人，你可能会选择诚实，承认自己没有完成家务，但青少年的推理可能会让他们选择全然相反的选项。

想一想 ………………………………………………………… 51

在我生活的小镇上，有着强制且非常严格的停车规定。如果你在指定地方停太久车，甚至还会有一笔小额罚款。圣诞期间，人们都忙着穿梭于不同的商店，而且往往要排很长的队，你意识到你马上就要超出停车的规定时间了，此时你就遇到一个困境：

- 离开队伍，冲出去买一张新的停车卡；
- 冒着收罚单的风险留在队伍里。

有些人会选择留下来，完成圣诞购物，然后在车被查到时付小额罚款。另外一些人则担心罚款，把要买的东西放回去，然后冲出去买一张新的停车卡。这就是一个应用成本–收益分析的时刻，不过这次是在成年人的世界中应用。

这可以帮助成年人轻松理解青少年面对的很多情况。因此，不用对青少年有时会违反规则和指示，甚至不诚实感到惊讶，因为他们很确定，潜在的回报值得他们承担风险。

因此，当你回到家，发现所有任务都没完成时，你不必去问
52 一个你已经知道答案的问题，而是最好陈述一下事实。举个例子，你可以说：“我让你倒垃圾，打扫自己的房间和花园，但你并没有做。因此，现在我要你再做些别的事情（如擦四面窗户、打扫浴室和熨他的衬衫）。不过，如果你道歉，告诉我你本应该做什么，然后现在去做，那你只需要再多擦三面窗户就行了。”

这样一来，你就改变了不利的条件从而鼓励孩子说真话。你家的青少年此时又有两个选项：要么撒谎，然后接着百分之百要

多干活；要么讲实话、道歉，然后得到一个较轻的处罚。利用青少年的逻辑思维去对付他们，几乎永远会赢来实话。

请记住，惩罚并不意味着你一定会永远消灭不听话的行为，它意味着你教给孩子生活中相当有价值的一课。

墨守成规的推理

青少年也经常使用一种被定义为“墨守成规”（legalistic）的独特推理方式。在这种视角下，孩子觉得既然他打算做家务而且打算稍后再做，况且你也没有规定完成任务的精确时间，而只是简单地说了个“今天”，那么他就不算撒谎。他可能还是会在今天稍晚的时候做完家务，因此也就完成了你要求的任务。在这种情况下，不告诉你完全准确的真相从而避免不公正的处罚（不公 53
正是因为他还可以稍后再完成家务）就说得过去了。这种令人费解的思维方式对许多父母来说都是令人沮丧的，但对大多数青少年来说又是完全合理的。

有一种方法可以对付这种令人抓狂的思维方式，那就是先发制人，即在最开始就清晰规定完成任务的最后期限。这样一来，和孩子讲道理的更好的表达方式就是：“我和你说了中午之前倒垃圾，两点之前把你的房间打扫干净，四点前把花园打理整齐。”

另外，对意外情况有所交代也很有必要，以防某件事或某些事没办法完成（如家里没有垃圾袋来装垃圾了，而他要完成的第一件家务就是倒垃圾，因此接下来的其他家务他就撒手不管了）。

心之所系的事情

上述方法——对青少年采取陈述事实的“回应方式”并精心组织相关后果，而不是再三询问他们——对大多数青少年都有效，这会帮助他们在“是否说实话”的问题上作出更好的抉择。但在有些情况下，这个方法并不奏效，尤其是对围绕着某些事情的谎言来说。这类事情可以称为“心之所系的事情”（affairs of the heart）。

青少年常有爱与恨的感受，以及忠诚等体验，其强度令父母感到困惑。对青少年来说，他们对男女朋友的爱是世界上最独特的存在，他们甚至会觉得没有任何人体验过这类感受。这并不是
54 浪漫的胡言乱语，而是他们真实的体验，他们的确从未有过此般情绪，他们也真挚地相信，自己是第一个拥有如此美妙感受的人。

因此，如果一个谎言可以保护他们的挚爱，或是可以展现他们对自己小帮派的忠诚，甚至是可以报复他们憎恶的敌人，那么这个谎言对他们的意义便非比寻常。在他们眼里，这些谎言在为

高尚的目标服务。如果青少年抛开作业去与男女朋友约会，他们中的大多数人在为此撒谎的时候是不接受父母唠叨的。毕竟，父母怎么可能懂得欣赏自己对真爱的渴求呢？

在遇到“心之所系的事情”这类情况时，作为父母，你很有必要给孩子一个消极后果作为说假话的惩罚（如罚站、禁足或家务等），与此同时，你要针对青少年不诚实的回答是怎样影响了你以及你对他的信任这一点，作出解释。哪怕你的孩子在你说出这些话的时候，还不能真正领悟其中的道理，但随着他们长大，他们最终会理解。

实用小贴士

保守些说，如果你用过分强烈且针对孩子的指责态度去质问他是不是撒谎了，是不是有事瞒着你，那么实际上，你正冒着严重影响孩子自尊心发展的风险。其实，你应该做的是在保持原则、共情孩子的同时，通过一些表述，让你的孩子领会到他整体上是个好孩子，只是染上了一些坏习惯。你要让他知道，哪怕他作出了一些糟糕的判断，他也有通过作不同的选择 55
来摆脱坏习惯的机会。如果你在这个方法的辅助下教育孩子，那么你终将在他长大后发现，你熬过的那些挫败都是值得的。

以上概述的这些技巧，对处理大多数孩子和青少年的不诚实的习惯而言均颇具效果。对于有情绪困扰的孩子，他们作出某些反应的动机更难被解释，而父母也需要“因材施教”，选择合适的处理方式。例如，有的孩子可能酒精成瘾或沉迷色情书刊，再比如，有的孩子也许经历了一次创伤事件，因羞耻感而不敢告诉父母。在这些情况下，我强烈建议寻求咨询师的帮助，因为损益分析的方法通常已被使用，而且往往并不适用。另外，谎言此时为孩子提供了自我保护的功能，因此父母想依靠自身来轻松解决这类说谎问题往往不太现实。

6. 我的好东西都去哪里了？ 57

所有的偷窃都是相对的。如果你一定要追究到底，那么请问谁不曾偷过东西呢？

——拉尔夫·沃尔多·爱默生（Ralph Waldo Emerson）

“我们不敢漏掉任何一样东西，因为无论是钱、铅笔还是钢笔，只要你不收拾好，她都会偷走！你要每分每秒留心她，因为只要一转身的工夫，你的东西就丢了！”

从孩子 3 岁起，直到其长大成人，父母都有可能遇上这类困扰。父母常常会发现孩子染上了偷窃的习惯，这让人异常失望。为了对付这些“小偷”，父母往往会尝试以下办法，却总以失败告终：

- 打孩子；
- 羞辱孩子；
- 取消特权。

有时，父母甚至会带孩子去当地的法庭，以此告诉他们小偷是什么概念。有时，父母也会拜托警官来家里给孩子“上一课”。可这些办法也以失败告终。渴望培养出“诚实孩子”的父母便会因此备受打击。

58 父母往往对偷窃行为的根源感到很困惑。他们自认为诚实守信，因而也希望自己的孩子拥有同样的价值观。他们无法理解孩子为何完全没有继承这一点，从而轻易地作出推测——孩子的恶习源于外界的影响，如同伴、电脑游戏和电视节目。尽管外界影响确实可以导致孩子偷窃，但在大多数情况下，它们并不是罪魁祸首。相反，父母与孩子之间的沟通方式才是问题的根本。如果你愿意承认你与孩子的互动方式可能会催生问题，那么我们就有希望将孩子引导为你一直期待的样子。

如果孩子偷东西，那么父母首先要明确自己的期待是什么。父母心里往往很清楚，他们希望孩子诚实守信，不去偷窃。但是，一项对青少年观点的客观调查指出，即使是简单的情境，青少年的理解也要模糊得多。

例如，父母想让孩子完成一项任务，而任务的完成需要借助钢笔。可孩子说，他没有钢笔。父母也许会告诉他：“去我房间里看看我放钱包的地方有没有。”或是“到我包里拿出来一支用。”父母很少会意识到自己话中暗含的意思，因为他们正全神贯注地思考如何以最高效率完成任务。父母当然会为解决了问题而开心，但他们也在不知不觉中暗许了孩子进入某些地方，而这些地方原本是孩子的禁区。

父母通常会在这时给孩子一个表扬作为强化。例如，他们会 59
告诉孩子：“做得好，继续加油。”在父母眼里，他们只是给予孩子一次特许，规矩依然是规矩（如“你不可以翻妈妈的包”），但在孩子的眼里，规矩从此失效了。

心理学中有一个被称为“泛化”（generalization）的概念。这个概念已被心理学家华生（John B. Watson）和他的研究生雷纳（Rosalie Rayner）证实。1929 年，他们对一个名叫“小艾伯特”（Little Albert）的 9 个月大的孩子做的实验证明了这个概念的存在。实验中，他们在小艾伯特面前呈现了白鼠、白兔和其他白色物品，而小艾伯特对这些事物毫不畏惧。不过，接下来白鼠再次出现时，实验者会同时制造出巨响来吓哭他。在此之后，他们将其他白色物品再次展示给小艾伯特时，即使没有巨响，小艾伯特也会因脑海中已把这些物品与巨响联系在一起而大哭。

“泛化”这个概念对积极行为也同样适用。例如，你遇到某个问题的同时学会了一个解决它的办法，那么下次在面对类似的问题时，你可以用该办法解决新的问题。又如下面这个例子：假设孩子需要钱去买一些学校里要用到的物品。

当你的孩子需要一支钢笔完成学校里的某项任务时，你告诉孩
子去哪里买，然后表扬他成功解决了问题。然而，这距离孩子从爸
爸或妈妈的钱包里拿钱也不远了，因为对孩子来说，他们又解决了
60 一个与学校相关的问题。通常情况下，如果孩子提要求，父母会把
钱给他们，而且钱的数额不大，消失也引不起父母的注意。

重要知识点

此时，孩子不仅解决了问题，还得到了渴望的物品作为回报，而与此同时，父母并没有给孩子任何消极的反馈。在这样的情况下，孩子下次再需要或是想要得到某样东西时，他们重复这种行为的可能性会急剧上升。父母自然不愿相信孩子“偷”了自己的东西，大多数时候，他们会认为不小心丢了钱是自己的责任，而不会去小题大做地质问孩子。

当类似情况出现时，与偷窃行为相关的泛化会发展得非常迅速。首先，从偷钱去买学习用品，到偷钱去商店里买自己想要的东西，是一个相对较小的跨越。同时，孩子偷钱的地方也会从父母的钱包或手包，拓展到家里其他放钱的地方。渐渐地，他们会开始拿钱以外的东西，如耳环、钥匙、戒指或其他个人物品。

父母终归会怀疑孩子从自己这里偷走了东西，于是便会搜查孩子的房间来寻找证据证实此事。当搜出“被偷”物品时，父母往往会勃然大怒，然后质问孩子：“你是不是偷了我的戒指？”但 61
在孩子眼里，他们并没有“偷”，他们只是单纯地借用了父母的某些东西。于是，他们便会真诚地回答他们并没有偷东西，而这样的回答只会进一步激怒父母。

紧接着，父母通常会教训孩子一顿，也会因偷窃行为而惩罚孩子。不过，大多数孩子都会觉得这不公平，觉得他不应当被这样对待。因此，父母的管教其实并没有阻止偷窃行为的再次发生。

在教训和惩罚孩子的同时，许多父母会尝试给孩子讲道理，向他解释哪类东西不值钱，他是可以拿走的，而有些东西显然是不能拿走的，这两类物品之间存在区别。但这个道理对孩子来说往往是含糊不清的，因为对他们而言，物品之间的不同价值是相当难理解的，他们成年后才会渐渐明白这个概念。下面这个临床实践案例或许能帮你理解这一点。

案例研究

有一个前来咨询的孩子一直从父母那里偷少量的钱，他一般用这些钱来买零食，买商店里的东西和学习用品。渐渐地，他变本加厉，偷走了在爸爸桌上找到的一个信封，里面有几千英镑。在与他的相处中，我逐渐发现，10 岁的他显然分不清拿走几枚硬币与拿走几千英镑的区别。在他眼里，那都不过是钱，它们的相对价值并不重要。直到这个孩子为了赢得朋友的喜欢，把几百英
62 镑给了学校里的其他小朋友，父母才发现是他偷了钱。

对于这种有偷窃习惯的孩子，父母的举措通常除了最严厉的惩罚，还包括移除诱惑，例如：

- 锁门；
- 藏起钱包和手包；
- 让孩子待在自己可以一直监视的地方。

有些父母会采取更极端的手段，如在孩子的房门上安装警报装置，这样一来，孩子一离开房间他们就会知道。不幸的是，此时，这类行为模式不仅是父母的一种精妙设计，还是孩子眼里的一种叛逆游戏。他们认为自己在这场游戏中的任务就是努力克服父母设置的障碍和困难。于是，孩子可能会熟练地设法闯入父母上锁的卧室，或是找出藏密的地点。

如果惩罚没有成效，孩子的偷窃行为日益猖狂，那么父母接下来该做些什么呢？要回答这个问题，我们还是要回到初心，也

就是父母渴望孩子成长为正直可信的成人。父母的责任应当聚焦于如何培养诚实品质而不是如何惩罚偷窃行为。此二者全然不同，而恰当的教养方式至关重要。

我们就举个家庭里最常见的例子：偷钱。对此，父母不必把 63
钱藏起来，可以把钱放在显眼的地方，如桌子上，然后让孩子负责看管。可以这样告诉孩子："让钱留在这里是你的责任，我们来一起数一数有多少钱，如果一会儿钱少了，不管是谁拿走的，不管少了多少钱，你都要完成一些家务。"

父母可以设置一些任务量合理的家务活作为后果，可以是一些对家庭有益的家务活，如打扫厕所或浴室、擦玻璃等。这些活动并不包括打孩子或剥夺孩子的某些东西，与此相反，它们强调了这样一种观点：做一些可以使整个家庭受益的事。这样一来，你是在教导和强化"责任感"这个概念，而不是通过惩罚来消除偷窃行为。

同时，让孩子清楚地知道这一点很重要，即不论他看管的这笔钱出了什么问题，哪怕是其他人拿走了钱，或是他不小心遗失了钱，需要为此负责的都是他自己。这会教给孩子一点：归根结底，总有一个人要为某件事全权负责。

父母往往会发现钱一直待在最初的地方。但如果钱丢了，在做了几次作为后果的家务活后，孩子往往就学会了不动这份钱。他们也会开始为你愿意把保管钱的责任交给他们的这份信任而感到骄傲。

接下来，采用在父母离开时让孩子负责看管钱包的方式，父
64 母可以激发出一种有益的泛化。他们可以把越来越多的物品交给孩子，让孩子负责照顾或看管，直到偷窃行为消失。这个技巧成效极好，它不仅增加了孩子的自主权，还帮父母控制了局面。

如果偷窃行为出现得较晚，如发生在进入青春期的孩子身上，那么相较于小孩子，分析青少年偷窃行为背后的动机更为重要。正如前面章节提到的，尽管青少年拥有与成年人相似的推理能力，但他们的思维方式往往反映了不同的优先顺序。这可以运用下方资料介绍的需要层次理论（hierarchy of needs）的概念来理解。

背景知识

马斯洛（Abraham Maslow）是一位人本主义心理学家。自 1943 年写下的一篇论文起，马斯洛开始探讨他感受到的人类最基本的需要。最初，他具体指出了五类需要，后来拓展为如下图所示的需要层次理论。

马斯洛认为，人们的需要是有层次的，他们首先会致力于

满足底层，即最基本的需要，在最基本的需要被满足后，他们才会继续追求更高一个层次的需要。后续研究表明，如果较低层次的需要得到了部分满足，人们就会有追求更高层次需要的动机，无须先完全满足较为基本的需要。

在我们的社会中，大多数人的生理需要（physiological
need）和安全需要（safety need）都已得到满足。因此，在理解
青少年的行为时，我们要更多考虑的是更高层级的需要，如归属
和爱的需要（need of belonging and love）、自尊需要（need of 65
esteem）以及自我实现需要（need of self-actualization）。

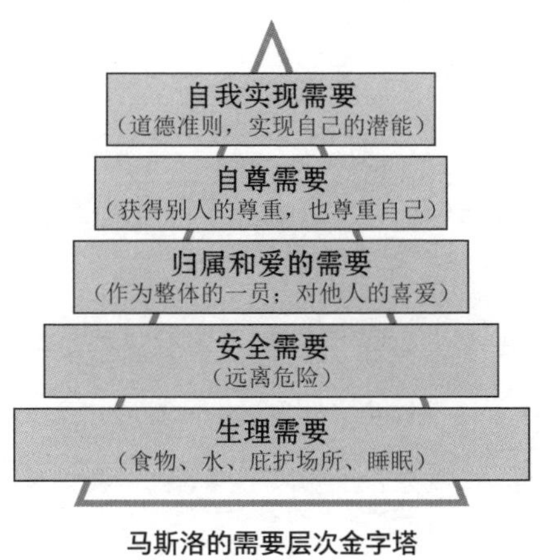

马斯洛的需要层次金字塔

小偷小摸行为普遍存在于青少年，令父母担忧和愤怒。处理这类偷窃行为的关键在于了解这类行为出现的原因。偷东西是孩子一个人实施的，还是由一伙人共同实施的？同辈压力（peer pressure）是一种强大的压力，尤其是在偷窃行为被团体重新定义为一个无伤大雅的玩笑时。

被接纳和归属于一个团体的渴望，往往能让青少年做出独自
66 一人时完全不会做的事。在他们的需要层次金字塔中，在迎合父母的道德感之前，被他人接纳的需要必须先被满足。因此，对青少年来说，如果他们想要成为团体的一员，那么从商店里偷点东西的行为就是必要的。偷窃行为因而在他们眼里是正当的。

如果父母遇到的情况是孩子在同辈团体的影响下出现了偷窃行为，那么事情就会变得有些棘手。遇到这类情况，一定要谨慎处理。孩子的异常行为看似源于交往的特定朋友，因此许多父母只是单纯要求孩子换朋友，不让孩子与有可能带坏他的人相处，但这样做忽视了孩子的归属需要。事与愿违，禁止与某些朋友交往换来的往往是青少年与“坏朋友”团体更紧密的联结。

绝大多数人都不喜欢与他人隔绝的生活，青少年自然也不例外。因此，当父母要求青少年换个交际圈，青少年往往会感到孤单，也会感到自己被孤立。而青春期的发展任务（developmental task）是，孩子在渐渐与父母分离的同时，也逐渐创造出自己的个人身份认同。这种处理方式最终往往致使青少年得出这样的结论：他们应当遵从朋友的价值观，而不是父母的价值观。

相比于禁止青少年与特定朋友来往，父母更应当做的是关注
那些拥有且表达与自己相似价值观的团体。在减少孩子与“坏朋 67
友”接触机会的同时，父母要与孩子一起参与这些支持、重视父
母笃信的观念的团体。

父母投入这些团体是非常重要的一步，因为这意味着父母真的相信这个团体展现出的价值观。榜样角色对我们所有人来说都是非常重要的学习工具。如果父母认为简单直接地告诉孩子去找一个社会认可的团体然后加入他们，就可以在解决问题的同时将自己关于诚实守信和尊重他人的核心价值观强化在孩子身上，其实是不现实的。想要解决问题，父母必须亲身示范，以身作则。

与青少年探讨荣誉感、诚实、尊重他人等价值观，从来不是一劳永逸的事。这需要你在日复一日的生活中，在日常诸多事件里，反复与青少年探讨。如果你踏踏实实做了这些事，那么青少年极有可能会逐渐转变自己的价值观，也会接纳新的同辈团体的价值观，偷窃行为则会留在过去。不过，这些“探讨”不能只是讲大道理或是劝诫，更应当是一个真诚、开放的对核心价值观的

探索。应当探索的领域包括：

- 为什么不应该偷窃；
- 所有权的概念；
- 道德观念为你带来的骄傲；
- 自尊。

68

个人偷窃

如果偷窃行为是在孩子身上单独出现的，而且没有明显受到他人的影响，那么我们必须再次从个体的个人需要层次中追溯行为根源。孩子的需要层次往往不同于父母。

在孩子的认知中，偷窃也许是迫不得已。这里的“认知”一词是谨慎选择的，因为父母认为至关重要的东西，在孩子眼里往往并不那么重要。在青少年的心里，重要顺序排行榜的榜首绝对是买最新版的电子游戏或者最新版的操作系统，但对父母而言，这些不过是无关紧要的小事。

重要知识点

与家中的青少年谈话时，做到这点很重要，即你要尝试站在他的角度去理解，他认为非常有必要得到某物的原因。接下来，如果你疑惑孩子为什么认为需要偷走东西，而不是与父母商量得到它的办法，那么你将在与孩子的几次交谈过程中探索到透彻的答案。

在孩子的一生中，他遇到的众多事物给他带来的影响都很可能与父母的价值观相冲突。就以电子游戏中的常见价值观为例吧。偷窃（一般也被称为“获取”“积累”“敛财”“掠夺”“抢劫”和“袭击”）物品在电子游戏中往往被打造成高尚、令人兴奋和公正的行为。电影和音乐是另外两个主要影响源，它们常常会传 69
递相同的观念。

对青少年来说，网络世界或艺术世界与真实世界之间的距离并不远。父母也许觉得自己的孩子已在现实生活中学到诚实守信的价值观，可孩子并没有清晰区分开幻想与真实，因此不知不觉中，他们对偷盗的接纳逐渐得到强化。

实用小贴士

父母应该好好利用每天与孩子一起看电视真人秀或玩电子游戏的机会。在恰当的时候评论一两句，就可以帮孩子理解游戏中的哪些部分在现实生活中是可以被接纳的，也可以帮他们理解包括诚实守信在内的核心价值观。这会为孩子带来极大的改变。作为父母，你应当记住，电子游戏这类东西，要么是你给孩子买的，要么是你允许他们买的。因此，在孩子眼里，你这样做就相当于暗暗赞同了电子游戏塑造的价值观。如果这些价值观与你的信念相背，那么你必须在与孩子的交谈中澄清这一点，同时也要对允许这个电子游戏、音乐或书籍出现在家里的原因给出合理解释。

个人偷窃行为的另一个常见原因，可能是恋爱。在这种情况下，对青少年来说，只要结果是与喜欢的人拥有更亲密的关系，
70 那么偷某样东西就是正当行为。从父母那里偷钱给喜欢的人，以及偷珠宝等青少年自己买不起的东西，这些对青少年来说都可能是正当的，因为他们需要这些东西去向男朋友或女朋友表达自己奉献的意愿和爱慕的心情。此时，对青少年的惩罚也会被他们视为不公平，因为他们自认为他们感受到的爱是世间独一无二的。

在纠正和改变这类行为时，谨慎是非常必要的。如果你试着强迫孩子在他爱的人面前坦白自己的“罪行”，然后把东西还回去，那么他可能会深陷两难的困境：要么失去恋人，要么违抗父母。他也许会选择离家出走，甚至选择自杀，因为他觉得这或许

是唯一的出路。因此，在和孩子谈心时，你应当首先承认他的爱的真实性，与此同时与他探讨若恋人发现某个物品是偷窃所得，会为恋人带来怎样的影响。试着从不同角度与孩子聊聊偷窃这件事，也聊聊归还偷窃物品的必要性。

实用小贴士

为孩子提供一些具体的解决方法，如找份兼职，然后攒钱给恋人买份礼物替换偷来的礼物。同时，你可以帮孩子写一个便签，或者准备一番话，以便向恋人解释自己是出于对对方的爱而作出偷东西送给她这个错误的决定。如果父母以这种方式处理偷窃问题，青少年往往会承认偷窃是不对的。大喊大叫、辱骂或是给青少年贴上“小偷”的标签，这些方法很难达到同 71
样的效果。

除了同辈影响、媒体影响或极度需要某些东西，还有许多原因会导致青少年偷窃。以下这些动机都可能包含在内：

- 报复；
- 嫉妒；
- 仇恨；
- 抑郁。

再次强调，简单的惩罚，包括罚站、讲道理、限制孩子玩耍或体罚在内，效果都不佳。如果父母不花必要的时间和精力去理解青少年的价值观，青少年是不会产生态度上稳定的改变的。

例如，如果你家的孩子因自己太胖或太瘦而感到抑郁，那么对他来说，偷窃可能就是一种能让他暂时感觉好一些的方式，因为得到的东西弥补了他丢失的好心情。父母在指出偷窃带来的愉悦既虚假又短暂的同时，也应帮他找到更好的方法去改善情绪。这样一来，父母就可以为孩子带来较持久的改变，帮助他们日后成长为一个诚实的大人。

所有处理不同情况的办法都有一个核心，那就是在教导孩子
72 前，先去理解他们的逻辑和感受。如果你解决了孩子行为背后隐藏的问题，那么接下来，你就很有可能被孩子视为值得敬重的父母，而不只是一个麻烦的人。

不过，这并不意味着你要接纳偷窃行为，也不意味着你要赞同这件事，更不意味着你要允许孩子留着偷窃所得，而是意味着你要让孩子知道你站在他这边，但你绝对不会对自身关于诚实和正直的价值观作出妥协和让步。在这样的情况下，孩子更有可能接受你的建议，去尝试其他可能的办法。富于同情心并理解自己的父母可以使青少年更能接受罚站或管束。

找出了偷窃行为背后的动机，也为青少年提供了可行的解决方法之后，父母可以问问青少年，他们自己觉得怎样的处罚比较合适。做这件事的父母往往会吃惊地发现，青少年自己提出的处罚往往非常严厉。例如，青少年可能会说，他们应该在家关六个月禁闭，或者永远禁止他们再去某个特定的地方。

如果父母给予一个较温和的处罚，那么他们会发现孩子不仅很感激，而且会更愿意接受父母的建议去尝试改变。作为榜样的父母，此时已成为他们成熟之路上的一个伙伴，而不是一个对年轻人的世界一无所知的老顽固或独裁者。

73

7. 垃圾永远不会被丢到垃圾桶里

关于爱的力量，我们对它的理解不过刚刚起步。因为，我们刚刚开始对强权和攻击的脆弱性有所领悟。

——B. F. 斯金纳（B. F. Skinner），

《瓦尔登湖第二》(*Walden Two*)

当你还是个孩子的时候，你的房间是不是看着像个猪窝呢？地板上堆满了衣服，玩具到处都是，还堆积着难辨原形的食物残渣和用过的餐具。不过，你也可能是那些罕见的“整洁控”，房间一尘不染，但你似乎从未按时交过作业。又或许，你是那种临时抱佛脚的人，考试前几小时才开始复习。再或许，你是那种永远记不起自己该做哪种家务活的人。

不过也有可能，上述的这些问题，你一个都没有，但是保不齐你的孩子会有这些问题。你也许很难理解，他明明是你的孩子，他的价值观怎么会与你珍视的价值观如此对立？父母在任何时候都盼望着同一件事，那就是让自己的孩子成长为有条理、整洁且负责的大人。父母对孩子坏习惯的担忧从未停止，他们担心这些坏习惯会伴随孩子进入成年，从而导致他们工作、家庭或整个人生的失败。他们也很担心其他人会把责任归结于自己，说是 74
他们辜负了孩子，还会批评他们没有好好引导孩子。

如果孩子表现出懒惰或不负责任的迹象，父母们的反应至少在最初都是一样的，他们会坐下来，然后试着平静而理性地向孩子解释邋遢的习惯会造成怎样的后果。他们会说“整洁的人是受人欢迎的”或是说“我们就不应该这样生活”。父母会告诉孩子，如果他们一直这样下去，就永远找不到对象，考不上大学，也找不到体面的工作。

大多数时候，孩子会觉得父母说得很对，他们看似也理解了其中的道理，却偏偏不肯作出任何改变。这时候，父母往往会感到很挫败，觉得自己明明已经把道理讲得很明白了，孩子却只当成耳旁风。他们因而会认定孩子是故意的，成心用邋遢和不负责任来挑衅自己，从而反抗自己对他们的期待。于是，事情就演变成一场父母非赢不可的意志力竞技。

这时往往会出现这样的状况：父母双方对于用什么方法帮助孩子持有不同意见。如果父母一方大声斥责孩子，另一方往往会批评说：“你这样只会让事情更糟。”或者说：“我小时候和他一样，你看我现在不是挺好的。”两人周而复始地争执，却得不出个结论。被批评的一方往往因对方的误解而感到很受伤，他们的斥责不过是为了激励孩子变得更有责任心。于是，他们接下来往
75 往会把自己的愤怒发泄在爱人或孩子身上。争吵和针锋相对常常会逐步扩大，直到家中的每个人都感到不舒服。

当讲道理和厉声批评都不起作用时，许多父母会尝试用威胁与奖励相结合的方式激励孩子。例如，一方面对孩子处以罚站或撤销特权，另一方面又答应孩子给他奖励。一般而言，这些方法会带来孩子行为上的短期改善，但孩子很少能从根本上认可父母做事情的优先次序，也不能永久改变自己的做事方式。那么，父母还能做些什么呢？

在改变孩子的习惯时，“奖励好行为，消灭坏行为”的行为矫正原理常常是无效的。它们无效的原因往往不在于原理本身出了问题，而是使用原理的方法出了问题。

接下来我们就举个常见例子：孩子的房间总是乱糟糟的，而父母清晰地知道自己的目标是什么——他们希望孩子建立终身受益的习惯，也就是干净整洁和井然有序。他们会耐心地向孩子解释，不过当孩子没有打扫房间的时候，他们也许会威胁孩子：如果你不在十分钟内打扫干净房间，我就拿走你的玩具或是打你一

巴掌。孩子往往会因此沮丧到流泪，此时大多数父母就会立刻质
疑自己的行为——是不是对孩子太严厉了，是不是对孩子的要求过
高，他们发展出的能力还不足以达到这样的预期。接着，父母便会 76
安慰性地拥抱孩子，也会向孩子作出类似的解释：父母这样做都是
“为你好”，并且向他保证“总有一天，你会明白我的话的”。

许多时候，孩子会完成一部分你布置给他的任务。于是父母便会向他解释，他还没有把事情做完，如打扫房间意味着要把所有东西都从地板上捡起来，而不仅仅是衣服。接着，父母通常会给孩子更多时间去完成任务。

提出这种强制要求的父母通常希望展示出合理性和同情心，从而将延长任务时限合理化。如果任务接下来被孩子恰如其分地完成了，那么他们就会觉得宽限更多时间是非常恰当的，结果也证实了这一点。不过，如果到了新的时间节点，任务依旧没有完成，那么父母往往会因以下两点而变得很生气：

- 该做的事没做完；
- 他们的宽容大度被利用了。

比原本预计的更严厉的惩罚往往很快降临到孩子头上，这是因为父母感到了更严重的冒犯。等整件事情落幕之后，父母会觉得自己成功地给孩子上了一课，可这种错觉会在孩子的房间再

度变成灾难现场时消失。他们与孩子的较量又开始周而复始地进行。

77 当斯金纳从他对动物的研究中发展出操作性条件作用并扩展至人类时，他的一个伟大见解是，当一个行为得到奖励或强化，孩子会倾向于自发地重复这个行为，因为在孩子的认知中，他们在做自己想要做的事。惩罚可能会带来一时的改变，你会看到孩子短时间内表现得很得体。然而，孩子是出于恐惧才去做个“乖孩子”，他们会觉得自己的自由被限制了。

父母想教会孩子干净整齐和井然有序（或按时完成任务，或我们期待的孩子为成为有担当的成年人所要学会的成千上万件事）却无法实现的原因，并不是惩罚和奖赏给得不够，也不是背后的相关原理出了问题，而是时机、顺序和孩子潜在的动机这些因素出了问题。

接下来让我们站在孩子的角度去看看整件事。打扫房间其实是一项烦琐累人的任务，而且在孩子眼里没有任何好处。毕竟，打扫干净的房间怎么可能不重新回到又脏又乱的状态呢？既然如此，为何要大费周折地打扫干净？

其实，邋遢对孩子来说是常态，也是可以接受的，而且不会让他们觉得厌烦。一切花费在打扫房间上的精力，对他们而言都是在浪费自己玩与享乐的时间。住在一间整洁干净的房间里，也许对成年人来说非常具有满足感，但对孩子而言，他们并没有这样天然的动机去打扫房间。

如果父母告诉孩子，他们会在孩子完成任务后给他一个奖
励，那么孩子就会在你提出的奖励与他为完成任务付出的精力之 78
间作权衡，最终判断这样做值不值得。实际上，对于他们眼里的这笔交易，孩子也许会说“不用了，谢谢”。接下来，如果你以某些后果威胁他们，他们就会觉得自己受到了不公平的贬低。他们难道不是刚刚告诉你了吗？他们很乐于为了不打扫房间而放弃你的奖赏啊？因此，你还有什么问题啊？

确实有一种方法可以通过奖励或撤销特权来解决这些问题，也可以有效改变孩子的坏习惯。不过，这类方法需要成年人以孩子的视角看待问题。

举个例子，如果一个孩子，其生活的核心仅围绕以下三件他最喜欢的事情：

- 在网上使用社交网站；
- 打游戏；
- 和朋友煲电话粥。

如果父母发现，自己的孩子在这些事情中耗费了太多时间，

以至于让房间乱得像灾难现场，不仅家务活没做，而且学校的任务也没完成，那么父母需要仔细思考下，对于这一切，孩子有什么感受。父母必须清楚地告诉孩子，这些事情必须优先完成，享受某些资源不是他与生俱来的权利。

父母要告诉孩子，这三件特定的事情是奖赏，每天他都需要
79 去努力赢得从事这些事情的时间。为了给每件事情赢取时间，有些任务必须做到父母满意为止。完成任务后，他就赢得了一定量的时间，这些时间他可以用于做三件事情中的任意一件。例如，整理房间也许可以为他赢得 45 分钟的时间来做三件事情中的某一件，而完成家庭作业可以为他赢得另外的 30 分钟时间。规则是，赚取的时间只能在当天用完，而不能延至第二天。

为了使这项安排公平，而不是看起来像个惩罚，父母可以强调家庭共度时间（family time）是不用费力赢得的。因此，孩子可以随意与其他家庭成员一起玩桌游、看连续剧或者哪怕只是在公共区域看书。孩子有太多可以从事的事情来度过放学后以及晚上的时光了。

实际上，你通过这一做法向孩子提议了一种生活方式，这种生活方式与成年人的生活方式有异曲同工之处。

- 有多少人能在完成工作之前拿到报酬呢？

• 难道你的公司不是在任务的最后阶段才报销之前的费用，而是相反吗？

• 观看电影或球赛时，你能先观赏然后再在离开时付款吗？

这些问题的答案当然是否定的。因此，让孩子自己赚取娱乐时间，其实是在帮助他提前为真实生活的剧本进行排练。

对孩子来说，你是一个实施恩惠、给予奖励的人，而不是一 80
个永远在用惩罚威胁他，永远唠叨着他不想做的事情的人。采用这种方法，你最终会养成这样的思考习惯——不是想着去剥夺孩子的某些东西，而是通过合理的安排，给予孩子一个获取想要的东西的途径。几乎所有的孩子都会欣然得出上面的结论，而你会发现，孩子个人习惯上的变化可以说是戏剧性的。

父母需要让孩子感受到这样的态度：对于孩子喜爱的事情，他们愿意提供支持，但也坚定坚持“必须遵守规矩”这一原则，尽管规矩是他们自己制定的。父母必须公平但严格地分配孩子为娱乐活动赢得的时间。另外，父母双方在规则方面达成一致也非常必要。因为，如果父母中的一方试着去发布这些规则，而另一方由着自己的性子赋予孩子做这些事情的权利，那么这些纠正措施就不会起作用。

不论是小朋友还是青少年，改变奖赏的顺序是非常有力的一种方式，它会迅速改变孩子的行为。相比于小朋友，青少年的主要不同在于你需要主动与他们商量，哪些活动需要通过努力赚取，任务中有哪些要求需要实现。这样做可以为青少年有担当的成年生活打下基础，以便他们成年后，可以在工作完成之后而不是之前，给予自己一些带来快乐的事情作为奖励，如一次旅行或是泡吧。

81 当父母问青少年：你觉得自己应该做些什么来获得做某件事情的权利？父母收到的答案往往让他们又惊又喜。青少年在因果关系方面的逻辑推理能力表现得很成熟。培养这种思考方式是父母的责任，你需要鼓励青少年采用一些谈判的技巧。你必须努力记住，你是在培养一个准备好独立面对真实生活情境的成年人。完成这项任务不仅对孩子而言是一件值得自豪的事，对父母来说也是如此。

8. 每日恐怖表演 83

心理学家往往会把孩子的焦虑和恐惧划分为两类：真实存在的和非真实存在的。所有人生来都有某种特定的、真实存在的固有恐惧，如跌落和巨大声响。当我们是婴儿的时候，这种恐惧具有生存功能，而且由于生存环境中存在固有的危险，我们也会认为这种感受很正常。非真实存在的恐惧和担忧，是那些确实干扰了日常生活功能，却并非真实存在且可能带来伤害的威胁。它们有时很不起眼，普通人可能会觉得它们微不足道，或者根本算不上威胁。

我们就举个老鼠的例子吧。有些人相当害怕野生啮齿动物。当然，有充分的历史证据证明，这类动物可以通过传播细菌和病毒造成大规模的人类死亡。如果某人家里出现一只老鼠，而他为此忧心忡忡，那么多数人会非常理解这个人的担忧，也觉得这是可以接受的。实际上，如果有人不为在住所里看到老鼠而感到难受，我们充其量觉得他不同寻常。不过，你可以考虑一下下面这种明显恐惧过度的情况。

案例研究

男孩走进中心时，正歇斯底里地喊着："把老鼠赶走！把老鼠赶走！"他大概5岁，目光不停地游离，仿佛在寻找老鼠的踪影。任何对他的尝试性触碰，都会触发他的尖叫，那声音刺耳到足以让血液凝固，而男孩也吓得左蹦右跳。陪伴他的社工向我们叙述了他的故事，这个故事很悲惨，不过也非常清晰地展示了父母如果成为糟糕的榜样，对孩子的影响可以有多大。

这个男孩的母亲是一位单身妈妈，对老鼠怕得要死。有一天，男孩和她正在厨房里，一只老鼠从地板上横穿了过去。这位母亲紧接着就跳上了凳子，声嘶力竭地尖叫："把它赶出去！把老鼠赶出去！"男孩很有可能从未见过啮齿动物，哪怕见过，他那时也太小了，根本没办法采取任何行动。显然，这位母亲的惊叫与大哭一直持续到附近的邻居前来查看出了什么事情。邻居找到男孩时，他正蜷缩在房间的角落里，睁大的眼睛中一片茫然，他说不出到底发生了什么。

在联系了儿童福利机构的人员后，他被送去当地的精神中心接受治疗。在那里，他的治疗师不停地安慰他，告诉他，他很安全，老鼠已经不在了，然后再吸引他做游戏。游戏的目的主要是尽可能地让男孩遇到的情况常见化，以此在新环境中，通过角色模仿（role-modelling）向他证明，没有人会对老鼠或别的东西感到那么恐惧或焦虑。几小时后，治疗师重新开始了与男孩的工作，而男孩此时可以顺利地与他人交流了。

背景知识 85

心理学家班杜拉（Albert Bandura）发展出了被称为“社会学习理论”（social learning theory）的人类行为理论。他的许多发现都与运用角色模仿学习的概念有关。简单来说，他研究并发展了如下三个关键概念：

- 人们可以通过观察进行学习，无需直接强化；
- 心理状态和心理活动对学习均非常重要；
- 观察学习能够但不一定带来行为上的改变。

成年人对孩子的影响是巨大的，这些影响可以加剧或消除孩子的担忧。母亲对老鼠的过度反应证明，母亲展现的恐惧被男孩角色模仿了，男孩迅速而完整地内化了她的恐惧。

治疗师则运用角色模仿抵消男孩无意间被母亲植入内心的恐惧。这个方法在某种程度上颇为成功。不过，完全消除这种恐惧需要母亲的协助。而在此之前，她首先需要学会如何克服自己的非理性恐惧。最终，我们需要回到那间厨房，由治疗师在这里帮助母亲和男孩共同体验镇定的、没有焦虑存在的空间。
86 这并不是可以一劳永逸的事情，需要运用一种叫作“系统脱敏”（systematic desensitization）的方法。

背景知识

沃尔普（Joseph Wolpe）发展出了一套治疗焦虑和惊恐障碍（panic disorders）的治疗项目，命名为“系统脱敏”。这个行为治疗过程基于“放松与焦虑的感受无法共存”的假设。在你放声大笑、面露微笑或玩得很开心的时候，你是无法同时感受到焦虑和恐惧的。因此，一个人体会到积极的情绪感受时，哪怕反复暴露于某些容易引起恐惧的情境，其恐惧感也会减轻。

接下来探讨的这些关于脱敏的技巧，主要是为帮助父母理解这种治疗方法可能会涉及的内容，而不是为了提供一份“如何做脱敏”的指南。在家里，接受过相关技巧的正规训练的父母确实可以在孩子身上实践，但不建议未经培训的父母自认为可以在没有专业指导的情况下完成这一操作。

脱敏需要做的第一件事情，就是确认孩子不会受到二次创伤

(re-traumatized)。这意味着父母或其他的榜样（如教师）必须
停止灌输这样的想法，即孩子不能保护自己，他们需要依赖外部 87
救援者的帮助才能活下来。

为了解释清楚，我们来看一个案例，案例中的孩子很害怕自己房间里的怪兽。许多父母试着用科学去解释，也会告诉孩子："爸爸和妈妈在这里保护着你呢。"他们也会保证自己不会让任何怪兽靠近他，可父母的话在无意间证实了怪兽的存在。尽管他们想做的不过是给孩子安慰，但他们通过这些话语传递给孩子的是这样一种观点：他的确需要被保护。倘若根本没有怪兽，父母又为什么会说不让怪兽伤害自己的孩子呢？这就是一个 10 岁出头的孩子的逻辑推理。与其说你会保护他，更好的办法是告诉孩子你会教他怎样应对自己的恐惧。

这样做需要包含以下这些步骤，从介绍相当无害的事物开始，然后渐渐接近孩子最恐惧的事物或情境。由于不可能完全复制带来不安的情境，因此治疗中，通常会借助想象或视觉图像完成这一系列步骤。但是，如果恐惧的事件或引发焦虑的情境是可见的或可触碰的（如老鼠），那么这类方法往往需要被调整为将真实的恐惧对象带入疗程。为了系统性地完成这件事，你可以从一个老鼠毛绒玩具入手，然后进一步换成一个更贴近实物的橡胶

老鼠或塑料老鼠。在此之后，你可以引入一只被关在笼子里的老
88 鼠，远远地放在房间最远处，然后让这个笼子逐渐靠近孩子。展示每样物品的时候，你必须帮孩子找到一些可以给他带来快乐和趣味的事情（如让孩子回忆假期或派对上发生的某件趣事），然后让他在恐惧对象在场的情况下，回忆和体验这些感受。

关键在于，你要确保想象的内容或活动的趣味压过恐惧对象带来的害怕。如果你把握了这一点，那么通过建立这两种感觉之间的联系，孩子会渐渐地放下不安。这样一来，脱敏过程就完成了。

对于大一些的孩子或青少年，你也许可以试着用这样的理念引导他：通过他认同的积极角色榜样帮助他克服恐惧，如一位电影明星或一位足球运动员。你可以引导青少年想象，如果他的偶像遇到某个让人害怕的情境，如在全班面前演讲，他会有什么样的反应。在孩子的想象中，他会把自己当作那个遇到了一系列状况的演员或运动员，他会井然有序地努力解决这件最引发焦虑的事情。

另一个可供选择的方法是，传授孩子渐进式肌肉放松（progressive muscle relaxation）技巧，这也是治疗师常用的方法。这种方法会让身体的所有肌肉都放松下来，从而创造一种放

松、平静的状态。在这种治疗中，孩子和成年人能学会通过绷紧肌肉群之后再放松它们，识别出自己身体内出现了紧张。接着，他们会被提供一些能够使他们回忆起这种放松状态的关键词或关键短语。他们会进行练习，直到能轻松进入这种状态。接下来， 89
触发匹配好的一系列令人害怕的事件，以便减轻反复呈现恐怖对象带来的焦虑。

这里描述的这些技巧并不是详尽的，它们只是一些例子，来告诉父母他们可以期待心理治疗在孩子身上达到怎样的效果。与此同时，希望这些描述能消除治疗师能力的神秘色彩。正如刚刚提到的，这样的技术最好让受过专业训练的人实施，而不是由出于好意却未经培训的父母实施。不过，父母可以独立带满心焦虑的孩子做的事情还有许多。

如果父母接纳这一点——成年人作为榜样角色非常有力量，那么最重要的治疗干预方法便可以即刻生效。如果你可以克服自己对蜘蛛、蛇、鬼怪、老鼠或小丑等事物的恐惧，并且证明你已经直面自己的恐惧，那么你的孩子极有可能会追随你的脚步。害怕并不是问题，相反，认可恐惧是不可改变的状态才是困难所在。你需要在孩子面前展示你怎样意识到问题，如何判断问题究竟给你的生活带来了怎样的影响，以及明确你需要改变它的理由，然后制定计划克服恐惧。

不过现实生活中往往是父母仅单纯说自己害怕，当孩子碰巧听到的时候，他们的态度往往是木已成舟——自己的恐惧根本不可能改变。不论是否有咨询师的协助，凭借推动自己生活中的改变，你都能向孩子证明，人是能够成功挑战和克服恐惧的。

90 接下来，我们假设你害怕蜘蛛，并且感到这种恐惧已严重干扰了你的正常生活，因此你决心要克服它。你首先必须做的就是直面恐惧本身：它是一些并不真实的东西。为了做到这一点，你需要知识，这便意味着你需要做些研究。你要尽可能多地收集关于蜘蛛的数据，找到它们在生态系统中扮演的积极角色和消极角色。你要找出其中哪些是你真的需要避开的，同时也要找出哪些是完全无害的。最终，你应该能够非常自信地辨别出那些真的会为你带来危险的蜘蛛，并且能辨别出那些不过是看起来凶恶的蜘蛛。

一旦你能在书里、电脑屏幕上面对蜘蛛的照片，接下来，你就可以在控制自身反应的情况下，继续看蜘蛛的视频。例如，你可以通过有规律地深呼吸来控制自己的反应。你也可以进一步做一些事，如在一个可以信任又不怕蜘蛛的人的陪伴下，亲眼看一看活蜘蛛。

当你发现自己能在一旁观看真实生活中的一些人拿着蜘蛛的时候，你就可以继续试着进行下一步——自己拿着它。最后一步，是能够面对在哪怕是最干净的家中偶然出现的蜘蛛并试着不惊慌失措，恰当地作出反应。

这一系列让你尝试的事情，本质在于证明恐惧并非不可改变，相反，你可以通过思考、计划和行动去改变自己的恐惧。对孩子来说，这一课可以应用的领域远远不止恐惧，还有生活中的许多事情。

91 # 9．心情跌入谷底

忧愁之感，不加于心也。

——中国古语

由于青春期前的孩子无法像大人那样清楚地表达自己的感受，因此识别他们的抑郁症是一项相当艰巨的任务。他们并不能告诉你他有多痛苦，与此相反，十几岁的孩子大多数时间会在行为反应中表达自己的情绪。有时候，他们向父母描述的状况更像是在暗示身体上的问题，或是没有抑郁症那么严重的问题。

如果孩子做了下列事情，我建议父母询问一下孩子这么做的原因：

- 体重突然增加或减轻；
- 做很多噩梦；
- 对玩耍以及与他人交流的热情降低。

安静而孤僻，并且从来不惹人生气的孩子很容易被忽视，尤其是当父母试图应对自身对影响了整个家庭的某件事的情绪反应时。

当被问起时，孩子可能会说他们感到很难过、很无聊或者就 92
是感觉不太好。父母通常很自然就会觉得这样的说法不过反映了一时的状态，而不是暗示着更为严重的抑郁症。因此，父母往往会提出一些不恰当的建议。许多父母会和孩子聊一聊他们喜欢的东西，也可能干脆建议孩子去躺一会儿。父母怎样才能学会“解读言外之意”，理解孩子到底想表达什么呢？

父母需要做的第一步是意识到孩子与成年人一样，会因某种情况而变得非常不安，也会感到很困扰。那些会让大多数成年人感到无助和无望的事情（如一个非常亲近的人的死亡、父母离婚、失去家庭、搬家而离开朋友）也会导致孩子发展出抑郁状态。我们很容易想当然，觉得孩子不会像大人那样被痛苦淹没，因为天真无邪的童年会保护他们远离这些困扰。然而这并非事实，大多数时候，孩子也会深切地感受到所有的痛苦，只是表现的方式与成年人不同。

当然，与所有成年人一样，孩子在感到难过时也可能会变得萎靡不振，觉得没有希望，悲伤落泪。但同样，他们也很有可能变得焦虑、激动不安，并以一种具有攻击性和毁灭性的方式表达自己的恐惧。有个术语叫“激越性抑郁症”（agitated depression），这并不是一个自相矛盾的术语。它常常用于描述

这样的个体，他们对抑郁事件的反应是焦躁不安、无所顾忌甚至惊慌失措。对于同一种情境，他们可能与他们的父母一样困
93 扰，但他们表现出来的行为，和我们通常与抑郁症相联系的行为相反。

另外，如果整个家庭都被某件事情影响了，那么孩子也许不得不同时应对“突然降临的变故”和“失去父母的情感支持”这两件事。如果作为父母的你正面临着严重的抑郁症状，那么很有可能你的孩子也在被其折磨。

重要知识点

父母应该警惕孩子的反复无常。前一秒，孩子还在大笑，明显很开心，下一秒就开始露出非常悲伤的表情甚至落泪。又哭又笑的状态往往会让成年人非常困惑。孩子的情绪可能是想当然的或者变幻无常的，父母不要因此就认定孩子患上双相障碍（bipolar disorder）。当然，父母必须意识到一点，即迅速的情绪变化是童年正常的一面，但并不意味着这些情绪是假的。

孩子的沮丧是非常真切的，也是必须解决的。忽略儿童时期的抑郁会带来真正的危险，因为这会导致冲动的自杀举动或其他自伤行为。

孩子难过时的另一个容易被忽略的反应，是以回避的方式处理令他不安的事情。成年人可能会借酒消愁，孩子也会做类似的 94
事情，因此如果你看到孩子沉迷于某种事物，并不稀奇。例如，孩子可能会沉迷于电子游戏，沉溺于暴饮暴食，以此来逃避情感上的苦痛。

不幸的是，我们成年人在感到受伤的时候，会挣扎着用自己的力量面对问题，在这种情况下，我们很容易异想天开，认为孩子避开了我们正在体验的痛苦。我们可能会认为他们的玩耍是正常的，甚至会在我们努力解决自身情绪困扰时，鼓励他们去玩游戏，让游戏带走他们所有的注意。

抑郁的孩子会有另外的反应，他可能会变得过于依赖父母。一个孩子可能会出现这样的变化：

- 很黏人；
- 大人离开时会哭；
- 在没有必要原因的情况下，要求更多的陪伴。

他可能表现出一些行为迹象，如说话、走路和反应都比平时更慢。也许，他会难以入睡或睡眠过多。所有这些反应都是孩子在寻求保护，以躲避一个压倒性的可怕世界。父母，有时可能是教师或朋友的母亲，此时会发现自己突然成了孩子的整个世界，他们需要询问这些行为背后的原因，因为这有可能是孩子处理沮丧的方式。

95 那么，父母究竟要怎么应对孩子表现出的抑郁呢？首先，需要查明家中发生的什么事吓到了孩子，或是威胁到他的安全。让孩子绝望的原因和让成年人绝望的原因都是多种多样的。

孩子天生就没有为整个家庭作出重要决定的能力。他们没有能力影响父母的老板，好让父母不至于失业；他们也没有能力解决婚姻中的不和，哪怕这种不和会撕裂他们的整个世界；他们更不可能阻止他们的父母被派往军事行动。

找出可能会让自己的孩子难以承受的事，这是父母的责任，同时父母也要厘清孩子是怎样被影响的。在某种程度上，父母必须成为一名“侦探”，通过温和的问题梳理出搅乱孩子世界的究竟是什么。完成这项任务之后，他们必须教会孩子如何应对，而不是只替他们解决所有问题。

这样的情况太常见了，父母往往会除去那些伤害孩子的事情，让孩子重展笑颜。例如，正在分手的父母会出于“为了孩子好”而决定不离婚，哪怕他们之间已经没有爱。同样，他们也会做以下事情：

- 要求见教师，怒斥学校没能好好地教育孩子；

• 坚持让孩子进入一个小团队或是坚持让孩子出演学校中的戏剧；

• 与其他孩子的父母会面，要求他们的孩子停止那些明显的 96
欺凌行为。

大多数时候，以上做法无法成功鼓励孩子振作起来，反而有可能让情况变得更糟。

重要知识点

一旦你认定了孩子难过的原因，就需要把自己代入教师的角色。你应该以这个角色来帮助孩子度过一段不愉快的学习过程。这并不是让你作为教师讲大道理，因为教训会让孩子觉得自己出了问题或是自己做错了什么，因而只会让他们的悲伤加深。

因此，作为“教师”，你的引导应当怀着敏感的心和爱意。你在鼓励孩子学着主动掌控生活中不愉快的事情，而不是一味逃避。你必须现身说法，用自己的经验和情绪反应让他们确认自己的情绪，接下来再帮助他们理解：疼痛有时在所难免，但是我们可以克服它。

你们互动的最重要的本质，是传授这样一种信念：所有问题都可以被解决，无论它们看起来有多困难。要做到这点，父母需

要表现得柔和而平衡，至少能恰当地控制自己的情感。同情孩子
97 生活中遇到的不公，或把孩子作为知己来纾解自己的压力和困惑，带来的效果往往事与愿违。

在帮助一个抑郁的孩子时，你必须努力在不切实际的盲目乐观与悲惨的绝望之间找到一种恰当的方式。你必须承认孩子的真实感受，但同时也不能传递给他们这样的概念，即负面情绪是唯一的应对方式。这是你要逐步培养的希望的核心所在。

探讨应该多次进行，而且必须适应孩子感到很受伤的时刻。下面是一些可能用得到的灵活的方法：

- 花些时间一起烘焙；
- 玩个游戏；
- 一起散散步或者开车兜兜风，远离当前的情境。

这些活动有一个共同点，那就是都能让你们有时间谈谈心，特别是可以让你作为父母去聆听。

背景知识

特鲁瓦克斯（Charles Truax）和卡可夫（Robert Carkhuff）二人1967年的著作《通往有效的心理咨询和心理治疗之路》（*Towards Effective Counselling and Psychotherapy*），是在罗杰

斯（Carl Rogers）早期关于找到让心理咨询过程有效果的元
素的工作基础上建立起来的。他们认定，对任何理论取向来 98
说，有四个条件对心理治疗尤为重要：无我执的热心（non-
possessive warmth）、准确的共情（accurate empathy）、真诚
（genuineness）和无条件积极关注（unconditional positive regard）。
同样，在帮助你的孩子抵抗抑郁时，这四个原则对于你们的沟
通也非常重要。

你的态度可能比你所说的内容更重要。无我执的热心（你爱着他们而且不求任何回报）、无条件积极关注（无论发生什么，你都会爱他们）、真诚（你并不打算隐瞒任何事）和准确的共情（在你们谈论的事情上，你和孩子处于同一阵线），这四点就是父母能与一个不快乐的孩子成功沟通的“配方”。不必认为自己一定要找到所有问题的答案，因为这是不切实际的。你需要集中精力去做的是传递给孩子这样的信念：问题或许是复杂的，但只要你们一起努力，就能找到可以接受的解决办法。

父母应该怎么做?

作为父母，你应该关注如何帮孩子发展出推理的技巧。在
处理问题时，你应该同时当作在教孩子用逻辑去思考问题，而
不只是为孩子提供建议，这样就能消除孩子诸如“父母应是全
能的”等的幻想。在你自己的人生经历中，你曾遇到数不清的
问题，也全都找到了相应的解决办法。如果你反思自己是如何
99 做到的，你会惊讶地发现在你解决所有问题的时候，都有相似
的过程出现。

首先，你要帮助孩子简单而清晰地说出他们想要达到的目标。目标不脱离实际非常重要，而这就是你引入自己作为父母的人生经验的时机。

举个例子，假设难过的源头是即将发生的离婚。孩子通常会说他们希望父母不要分开。可这是不切实际的，因此你的任务就变成在重视他的愿望的同时，帮他重塑这个目标。

父母可以说：“我知道你希望爸爸和妈妈在一起，也希望我们的家还能和原来一样，我也知道你一想到我们会分开就非常痛苦，但是爸爸和妈妈之间的问题已经变得非常严重，因为这些问题，爸爸和妈妈都非常难过，而且我们一直在争吵。因此，

我们觉得对我们来说最好的对策就是分开。那么，我们来聊聊看，我们可以做些什么让生活尽可能好起来，不仅是为你，也是为了我们所有人。”在这些谈话中，应当提及父母永远不变的爱，也承认孩子感到恐惧和担忧的事实，同时也要避免倾诉带来的对父母的内疚感（如“你不想让爸爸和妈妈不快乐，不是吗？”）。

明确目标后的下一步就是仔细找出所有影响现状的因素。在离婚的例子中，可能会包括以下内容：

- 父母将会在哪里生活；
- 兄弟姐妹； 100
- 监护权；
- 探视权和交通方式；
- 会进入他们生活的新的人；
- 学校生活；
- 友谊；
- 财产。

当父母引导着与孩子的谈话时，这些内容对于孩子的相对重要性往往会让父母大开眼界。对父母来说，孩子在探视中拿着的他珍视的毛绒玩具其实是微不足道的，但对孩子来说，它的意义可能在于充分的安全感。找到整个事件的各个部分中对孩子而言具有相对意义的内容极为关键。

下一步，就是帮助孩子在问题的每个可行、可接纳的部分中找到可妥协的地方。非常重要的是，尽管父母需要指导和引导，但解决办法必须由孩子自己想到。当孩子自己说出解决办法时，你们得到的结果往往会更令人满意，孩子也更有自主权。例如，孩子说，当他从父母一方的家里搬到另一方的家里时，从妈妈和爸爸的房子里各拿走一些东西，可以减少他对父母离婚感到的恐惧，就比由父母直接提出这个建议好很多。

最后一步是周期性地回顾导致压力的情况，一开始时需要更
频繁地回顾反思。每个人的人生中，唯一不变的是人生会一直改
101 变，因此让孩子懂得并接受这一点是他们能学到的非常有价值的
一课。之前的解决方法可能会随着环境的改变而不再有效，这就
要求我们随之改变计划。帮孩子接纳这一点是所有父母最基本的
责任。

以上措施对于童年期抑郁的大部分源头都非常有效。把它们教给孩子并加以练习，不仅能解决目前导致压力的问题，还可以让孩子有充分的心理准备以应对整个人生中可能遇到的所有问题。

这种处理抑郁的方法均可应用于青少年和年幼的孩子，尽管对青少年来说，你引导和指导他们想出可行方案需要花费的工夫可能更少。

对大概 11 岁或年纪更大些的孩子来说，他们似乎进入了一个阶段，即逻辑有时仿佛蒸发不见了，反倒是蛮不讲理占据了他们所有的思考。父母如果想要帮助他们抑郁的孩子，那他们必须意识到强烈的情绪正在青少年的生活蔓延。例如，正如我们在前几章曾提到，青少年在某个异性身上发现的爱对他们来说极为强烈，甚至可以超越所有事物；对敌人的恨则可以耗尽周围一切，而且远远超出源头事件的范围。

这个年龄段的孩子情绪多变，可能会产生情绪反应，而在父母看来，这种情绪反应似乎与事件的重要性完全不符。

例如： 102

- 没有收到一个特殊派对的邀请；
- 男朋友或女朋友给别人发短信，“背叛了她或他”；
- 没有建立起团队；
- 对一个人的外貌问东问西，或觉得男孩子不具备男子气概或女生女性气质不足。

因为青少年经验尚不足，所以他们没有能力精确地接受父母的观点。上述这类事件对青少年来说极为重要，甚至可以改变人生，他们觉得必须立刻处理。

由于缺乏解决问题的经验，青少年会迅速陷入压倒性的情绪之中。一个可能的后果是，当所有可能的选择都令人疲惫不堪，自杀就成了一个可行也可接受的选择。这非常危险，但可悲的是，太多的父母忽略了青少年的情绪，认为他们能从中获得成长，因而付出了巨大代价。要应对这类情况，非常必要的一点是保持开放的沟通。这样，你的孩子就会知道，如果他找你谈论自己的痛苦，那么他会得到开放而体贴的接纳。

应付沮丧的青少年有时会让我们非常揪心，因此这需要耐
103 心。青少年很少会说“谢谢你”。大多数时候，青少年反而会把挫败和恐惧化为指向父母的愤怒，因为父母是最容易找到，也是最安全的攻击对象。因此父母必须理解，他们付出努力，却受到的这种以负面情绪为武器的对抗性攻击，并不代表孩子对他们的真实态度，这是孩子被情绪掌控后的产物。

我们可以用一个类似的例子来理解这一点。一个人在工作场合度过了非常糟糕的一天，回到家时也许会向另一半发泄自己的压力。对方可能只是犯了一个小错，这个人就大发雷霆。青少年在这方面可以说很糟糕，他们往往会对父母发脾气，却又常常因

不经世故而无法意识到自身行为的不公平，更不会随后去向被冤枉的父母道歉。但这并不意味着在青少年面前挑明这一点是有益的。挑明这一点反而很有可能会遭到青少年的否认，而且只能进一步激怒青少年。

接纳青少年在发泄情绪时对你的不公平抨击可能是最好的选择，这样你便以一种沉默的方式向他们表达，你作为父母陪在他们身边，帮助他们减轻怒火与挫败感，是一种宝贵的资源。倘若不批评地倾听是一种艺术，那么倾听青少年或许是最难学会的艺术了。

如何判断是否需要专业帮助？ 104

如果抑郁的情况如下所述非常严重，那么你或许需要寻求专业帮助：

- 持续数周以上；
- 由一个让你谈起来感到非常不舒服的话题引发；
- 已经恶化到考虑自杀或者伤害他人。

这并不是对你作为父母的能力的负面评价，而是说，你能积极识别出一个父母干预已经无法控制的问题。

对于孩子和成年人，治疗师扮演了一个非常重要的服务性角色。他们为孩子和成年人提供保密的环境来发泄自己的感受，仔细斟酌自己的选择，并探讨应对策略。为青少年寻求心理咨询的父母并没有辜负孩子，而是识别出孩子的需要，从而通过最恰当的方式，把孩子的利益置于首位。

10. 创口无法愈合之时

105

许多孩子会做一些自残的事情，如用刀、碎玻璃或回形针割自己的手腕或胳膊。对父母来说，这类行为往往既难以理解，又让人担惊受怕。因为在父母眼里，这无异于自杀。其中的一些行为也许是带有自杀动机的，但大多数时候，他们并不是出于“自我毁灭”这类原因而做这件事。那么，孩子究竟为何要给自己施加痛苦呢？

逻辑告诉我们，所有人都会努力避免伤害自己。疼痛的存在就是为了让我们知道出现了差错，而我们需要采取一些行动去避免或减轻痛苦。因此，如果我们不小心坐到了图钉上，我们会立刻跳起来，以防被进一步伤害。我们抓到一些很烫的东西时会立刻松手，以避免我们的身体受到更深的伤害。相似的回避机制也存在于自伤孩子的身上，但它并没有阻止自伤行为的发生。因此，如果我们要理解并改变这个令人困惑的问题，就需要去挖掘它更深层次的含义。

2010 年，克尔（Patrick Kerr）、米伦坎普（Jennifer Muehlenkamp）

和特纳（James Turner）共同在《美国家庭医学委员会杂志》（*Journal of the American Board of Family Medicine*）上发表了一篇精彩的评述，主要内容是非自杀意图的自伤行为的研究现状。
106 有许多理论取向可以解释这种复杂问题的起因与治疗，例如：

- 移情焦点心理治疗（transference-focused psychotherapy）；
- 心智化治疗（metallization-based therapy）；
- 手册辅助的认知行为疗法（manual assisted cognitive behavioural therapy）；
- 辩证行为疗法（dialectical behaviour therapy）。

所有这些取向的共同点在于，它们都能有效处理自伤者的感受（如不加评判地接纳感受），也能教会自伤者新的应对技巧。后者中关于学习、培养和应用新技巧的概念，在父母面对自己的孩子时尤为有用。

一些关于自伤行为原因的理论模型认为，这种现象背后是人格障碍或其他严重精神问题。但大体上来说，行为主义和社会学习取向都不这样认为。目前尚无足够的实验证据支持某种取向优于另外一种，因此我们不妨采用行为主义取向来探索这种伤害行为是如何开始的。

反复割伤自己的孩子并非感觉不到痛苦。但是，当我们受伤时，人体有一个机制会开始运作，这一机制涉及内啡肽的释放。我们的身体在受到伤害时，天生会释放对抗疼痛的化学物质。这些化学物质与强效的止痛物质（如吗啡）作用于同一类与疼痛相关的受体，而且也在以相同的方式减轻我们承受的痛苦。 107

现在，让我们来看一个故意割伤自己胳膊的孩子的案例。在他生命的早期，他做了一些让父母贴上“坏孩子”标签的事，也因此受到惩罚。惩罚包括作为管教方式的掌掴。然而，由于这个过程会激发痛苦，因此孩子的身体会同时释放内啡肽，以此作为应对机制。这是一种对痛苦的慰藉，某种程度上也会同时创造出一种温和的欣快感。

接着，孩子某天再次遭遇类似的情况，他觉得自己又做错了什么，但父母没有惩罚。例如，父母之间因为他的成绩发生了争吵，或者他背叛了女朋友，与另一个女孩子聊天，又或者他没有如父母期待的那样加入某个团队。

于是，他面临一个很难解决的问题。一方面，他觉得自己做错了一些事，应该为此受到惩罚；另一方面，父母不会揍他或揍他的可能性极小。出于挫败感，孩子可能会用拳头砸墙，用头撞东西，甚至会割伤自己的胳膊和腿。

这样的行为会立刻产生两个效果。第一个效果是释放情感上

的痛苦——由此为自认为的错误受到该有的惩罚，于是乎以逼真的方式“还了债”。第二个效果是释放了内啡肽，从而产生内在
108 的温和欣快感。这两种结果可以说是惊人的，因为当孩子再次因某些错误而感到沮丧的时候，他更有可能采取自伤作为应对措施。

如果你想通过更多的惩罚（如施加痛苦）威胁开始自伤的孩子，那么你非但很有可能无法成功阻止他，反而更有可能加重他之后的自虐（self-abuse），因为孩子会觉得父母承认了他确实是“坏孩子”，需要惩罚。相反，父母很有必要坐下来与孩子一起查明这个行为的起源。只有当你们都对突然发生的这件事有了清晰的理解，你才能帮助孩子学会其他可选择的方法以替代自伤。

例如，如果源头是父母因孩子的考试成绩而争吵，那么就要向孩子解释：尽管这个突然发生的冲突与你有关，但解决它是父母的责任，而不是你的。再比如，如果孩子没能成功加入某个团队，那么父母就要重点解释：我们只是希望你尽自己的全力，但有的时候，哪怕我们全力以赴了，也依然无法取得成功。当冲突涉及他人时，如孩子的女朋友或男朋友，那么我们讨论的中心就应该转向能替代自伤行为的尊重和可以采取的行动。

所有这些例子都有一个共同点——我们称之为“重构”（re-

framing)。这意味着帮孩子以全新的方式或角度看待自己的行为。 109
只给某个行为打上“错误”的标签是远远不够的，哪怕你解释说：“自伤会给你带来可能伴随一生的严重疤痕，甚至有可能造成死亡。”因为这些话可能对成年人而言很有道理，但孩子其实是无法理解的。

不过，非常有必要解释疼痛缓解的机制，也十分有必要解释人们如何错误地学会以自伤的方式消除内疚感。解释之后，父母不能简单地放任不管，否则孩子的自伤行为会继续下去。父母必须继续告诉孩子如何以全新的角度看待目前的状况。他们还需要证明，改变认知角度可以带来全新的结果。

尽管重构的概念相对而言更容易陈述，但人们有时候很难抓住重点。当一个决定涉及道德困境，人们在认定对错之前，必须严苛地考虑他们拥有的信息是什么，拥有多少信息。如果我们仔细考虑太多替代方案，那么我们很容易会因所有我们可能采取的行动而精疲力竭。

不过，相比于大多数成年人，孩子会倾向于考虑更少的信息。因此，在重构一个情境时，父母能做的很重要的一部分，就是教会孩子深入思考大量事实。这很有可能会引导孩子得出与先
前不一样的结论。这样做，你不仅没有否认孩子先前想法的合理 110

性，还帮助孩子拓展了视角，让他们看到因果之间存在着更多的可能性。

如果帮助开始自我伤害的孩子是一张拼图，那么现在只差一块就可以完成拼图了。这块拼图正是作为父母的你，要找到替代体罚不当行为的方法。前面几章我们曾探讨，角色模仿是一个非常有影响力的机制。如果你继续采用体罚的方法，那么你的孩子模仿你的可能性会非常大。

重要知识点

“我们应当尽自己所能地改正自己犯下的错误，但我们也要接受，人生并不总能如愿。”作为父母，若能教会孩子这样的态度，便是尽到了责任。在与孩子的沟通中，教会他们对自己宽容是一件非常有力量的事，也会对他们日后的态度和行为产生相当大的影响。这将是陪伴他们一生的一课，而父母是给予孩子此信念最好的导师。

最后，我们需要注意一下有自杀倾向的个体。一些自伤行为并不符合逻辑，反而会涉及有问题的结论，也可能涉及建立在有问题的想法之上的行为。在这些情况下，个体会感觉被困于看似无法忍受的情境，而唯一的出路就是死亡。在这类情况下，问题已经恶化到父母无力应对孩子的表现，此时转送孩子去专业心理咨询师那里便十分必要。

如果你的孩子曾暗示，哪怕是拐弯抹角地暗示他们感觉非常沮丧，甚至不如一死了之，那么请不要试着自己来扭转乾坤，而一定要立刻寻求专业支持。这样做，你其实是在扮演一个有担当的成年人的角色，你也要意识到，没有人可以成为另一个人的全部寄托。再次强调，这样做，你也是在帮孩子成长为一个负责任的成年人。

113 11. 我们之间到底发生了什么？

孩子会经历与父母和其他权威人物（authority figures）对立的阶段。孩子比较小的时候，父母会感受到针对自己的被拒绝感，也会觉得自己的爱与信任被背叛了。为了找到恰当回应这种反抗的方式，非常有必要仔细查明孩子和大人的生活中究竟发生了什么。

有一个常见的原因会让孩子变得不听话，那就是父母正在离婚或出轨。在这种情况下，孩子会变得非常困扰、受伤和愤怒。他们根本不知道该如何应对这一切，而且父母中的一方也许会以非常负面的方式形容另一方。

重要知识点

你不能把孩子牵扯进你们的冲突，但对于你们分手这件事，你不能忽略了孩子。那些试着“和平”分手的父母可能会拒绝告诉他们的孩子为什么会发生这样的事，但这会在无意间让孩子误认为这件事应归咎于自己。孩子的认知还没有成熟到可以理解父母为什么不能继续相爱，也不能继续生活在一起。最终，作为一种表达受伤和难过的方式，孩子可能会在生活的各个方面都变得叛逆、不听话。

当父母中的一方迎来了新伴侣时，他们的前任有时候会为了 114
寻求报复，主动鼓励孩子叛逆。这样做的父母倾向于这样合理化他们的行为——他们会说所有行为都是为了防止“那个女人”或“那个男人”（前任的新伴侣）影响我的孩子。这时，青少年会感到忠诚破碎了，他们再也无法相信成年人的真诚。他们年纪尚小，往往没有能力去理解自己的生活发生了什么。他们无法理解父母出轨其他人意味着什么，也无法理解成年人之间的感情会随着时间发生变化。

作为父母，你应知道试着保护孩子远离生活的变故。利用孩子实现你的报复，对你们之间的亲子关系而言非常不健康，最终会是毁灭性的。与另一个独立的第三方会面，如心理咨询师、法院调解员等，往往会非常有益。这些会面的主要焦点应是帮助父母认识到：将孩子作为武器去激怒另一个成年人，这种做法完全忽略了这些行为对孩子情感健康的毁灭性影响。这样做，你并未通过牺牲“被惹怒的那个家长”而让自己在孩子眼里变得更珍贵，反倒是摧毁了孩子信任成年人的能力。

童年早期叛逆的另一个常见原因，可以追究到那些试着培养
115 孩子独立能力和迅速从打击中恢复能力的父母身上。许多父母坚信，孩子需要变得很坚强，才能面对成人世界里那些显而易见的社会压力。因此，他们会主动鼓励自己的孩子在教师留了太多作业时站出来反抗，在教练轻视自己的努力时站出来反抗。尽管这些想法原则上没错，然而一旦这种“人生哲学”从某些小事蔓延到其他成年人身上，最终又指向父母本人时，麻烦就出现了。

重要知识点

十几岁孩子的能力往往不足以辨别站出来反对他人是“恰当的”还是“不恰当的”。在他们看来，在某种情况下被父母允许使用某种特定的行为模式，就意味着父母允许他们在所有情况下都这样做。这种关于叛逆的泛化并不代表孩子的思维能力有缺陷，反而是大多数孩子典型的想法。这单纯反映出孩子在运用逻辑思维时仍不成熟，而这恰好是孩子的特点。

第三种较常见的叛逆情况，是孩子看起来在故意对抗自己的父母。这时，孩子看上去好像违反了父母明确的命令，但在孩子眼里，他们实际上已尽自己最大可能去顺从父母的意愿。

案例研究 116

让我们来看一个小女孩的案例，她的父母在军事基地工作，有着非常高的安全性要求，工作内容也是机密。她的父母告诉她永远不要向任何人透露他们从事的工作，否则会违反他们的工作原则。与此同时，他们也总是告诫她，对在他们之上的权威表现出尊重是多么重要，遵从权威的命令也非常重要。

有一次，她非常荣幸地被教师选中，代表学校出国参加一场辩论赛。作为参赛的常规要求，她需要填写一张表格，来描述自己的家庭生活，尤其要介绍父母的工作。当她告诉教师她不能完成这部分问卷时，她被告知必须填写，否则就不能参加比赛，而学校也可能因此输了比赛。

在学校环境里，教师对小女孩而言就是在自己之上的“权威”，于是她听从了“命令”，填写了问卷。随后，由于把工作信息暴露给了“国外势力”，明显违背了安全条例，她的父母被安全部门调查。为此，小女孩的父母勃然大怒。他们坚定地认为她是故意不听话，而在小女孩眼里，她所做的一切不过是在听从命令。

---

117 **案例研究**

另一个案例发生在一个男孩身上。当时他被父母气冲冲地领进精神中心，因为他扔了父亲价值不菲的婚戒。父母认定孩子对他们有隐藏的愤怒，借由将对爸爸来说具有巨大情感价值的物品扔进垃圾桶来惩罚和伤害爸爸。

男孩不过 4 岁左右，他对父母的反应不仅非常困惑，还非常恐惧。他没办法告诉他们，他们做了什么才让他以这种方式实施报复。与父母分开，也离开了父母的控诉后，他才可以用清晰的逻辑陈述事情的经过。

今天早些时候，他的妈妈看到他咬了一口放了很久的蛋糕。蛋糕已经变质了，因此妈妈把蛋糕扔进了垃圾桶。她为此责备了男孩，并且告诉他，旧的东西属于垃圾桶，不应当被拿出来食用或使用。她还给孩子讲了关于细菌和疾病的事情，也和他讲了别人会怎样看待穿旧衣服和吃发霉食物的人。

后来，他就在桌子上看到了爸爸的结婚戒指。他回忆起自己之前曾询问爸爸关于这枚戒指的事，爸爸告诉他，这枚戒指是很早之前别人给他的，在孩子出生之前他就得到了它。那么根据男
118 孩的逻辑，戒指很旧了，而他又刚刚被告知，旧东西属于垃圾桶。因此，他就按照妈妈的指示扔了戒指。

在这种情况下，孩子实际上根本没有复仇或叛逆父母的动机，他只不过是简单地听取了妈妈话语的字面意思。然而结果是，他非但没有因为自己的良好行为受到表扬，反而因行为表面上的报复性而受到严厉苛责。

对年幼的孩子而言，解决这种情况的措施通常是，首先接纳“青春期前的孩子无法像成年人那样进行全面的推理”这一观点。接着，父母要清晰地告诉孩子希望他们怎样做：

• 你是希望孩子听所有成年人的话，还是听一部分成年人的话呢？如果你只希望他们在特定的情况下听成年人的话，那么你就要非常耐心地列出每一种需要听话的情境，而不是想当然地认为孩子自己拥有区分对错的能力。

• 你也需要试着这样去指导孩子：在征求另一个成年人同意之前，不要做某件前一个成年人告诉他去做的事。

当然，相比于单纯告诉孩子模糊的规则，这样做会花费更多时间，不过你的收获往往值得你付出这些额外的精力。

当青春期前的孩子进入青春期，他们的推理能力会变得与成年人很像。他们在作出选择的时候，也会与成年人一样，以相对全面的道德观为基础。与此同时，青少年进入了“分离和个体 119
化”（separation and individuation）阶段，也开始逐步形成“独

立成年人的身份认同”(independent adult identity)。

背景知识

梅德林（Nadine Medlin）在内布拉斯加大学林肯分校（University of Nebraska-Lincoln）写下的一篇论文很好地总结了这些发展过程。她表明：“心理意义上的‘分离—个体化’，是一种青少年重新商议亲子关系的过程。青少年解决身份认同危机（identity crisis）需要整合过去和现在。与此同时，青少年通过这种方式重建自我，便能理解自己在社会中的位置。对于发展出健康的个人适应能力而言，这两个过程都是非常重要的驱力。”你的孩子需要通过挑战价值观念、理清价值观和最终接纳可持续一生的价值观这些过程来成为一个成年人。由于父母最容易提供这些价值观，父母最好作好心理准备，他们有可能被毫不掩饰的叛逆冲击。

为成功完成这些成长任务，许多青少年会开始与父母争论，而且常常是为微不足道的小事。由于这些争吵往往无缘无故，因此对许多父母来说，这会让他们非常烦恼。与叛逆青少年理论的尝试往往会以失败告终，这是因为这些争吵的发生存在深层次的原因。在这个过程中，青少年会发展出两种必要的能力：

• 磨炼语言技巧，从而让自己的观点为人所知； 120

• 理解自己正在成为一个成年人，也可以对自己的人生作出独立的决定。

这两点都与解决问题以及解决冲突没有任何必要的联系，但父母的主要关注点似乎就是解决问题和冲突。

因为我们往往不想让自己尚在青春期的孩子犯下我们曾经犯过的错误，所以对大多数父母而言，通常难以接受这是青春期必不可少的一部分。我们想把自己的经验传授给孩子，这些经验是我们在自己的生活中忍受了相当多的挫败才赢得的。可是，因糟糕的判断力而犯错是成长的一部分。因此，父母的责任应是努力防止孩子的决定影响他们的人生发展方向。强制青少年作正确的选择往往不会有效果，而只会导致冲突。

另外一些导致青少年叛逆的原因如下：

• 抑郁；

• 低自尊；

• 焦虑。

这些都是青少年挣扎着度过这个动荡的发展阶段时会出现的典型感受。父母很难判断出青少年的叛逆究竟是个体化进程的一部分，还是源于他们潜在情绪的困扰。相比于只在孩子挑起争吵 121

时去回应，在每个人都有机会冷静下来的时候，与他们聊一聊冲突为什么会发生可能更有收获。

当聊到青少年的担忧时，父母需要清晰地告诉孩子，他们的感受是很正常的，大多数人都会在这些时候陷入担忧和不安。你应试着帮孩子理解，你是站在他们这边的，而不是他们的对立面。相比于把你当作发泄挫败感的对象而对你大发脾气，你更希望他们把你看作同盟，一个可以帮他们找到消除恐惧的办法的人。

对许多父母来说，从下命令的角色到提建议的角色，这种转变非常困难。青春期前的孩子往往没有理解某类事物的能力，例如，为什么他们不该看网上的色情作品，或者为什么他们不适合看标注“十八岁以下禁止观看”的电影。作为父母，你会判断这些资源是否适合孩子，同时也会尽自己所能地用一些理由去解释其中原因。然而，最终作出决定的是你。这意味着如果你有理有据的观点没能说服孩子，你唯一能做的还是由你选择对孩子来说最好的行为方式，并期待着终有一天他们可以明白你的苦心。

当一个孩子进入青春期，他们可能会对这种绝对禁止的指令充耳不闻。孩子非常想知道为什么有些事情他们不能做，例如，为什么朋友的父母周末不在家，而他们不能去朋友家参加派对。
122 作为父母，在不直接指责孩子有不当意图的情况下解释这种情况涉及的暗示，充其量也只是有些尴尬。诸如“你可能会遇上麻烦”或者“可能会发生不好的事情”这类模糊不清的道德声明，对孩子来说是不可接受的理由。

在作出反应之前，父母非常有必要仔细想一想自己为什么会产生非常不舒服的感受。你究竟害怕孩子在别人家里发生什么？你是不是担心孩子发生性行为，从而担心出现意外怀孕？还是说你担心他们会喝酒或“嗑药”？这些恐惧是不是反映了你自己的青春期呢？

实用小贴士

关于你青春期的孩子要去做的某件事，当你清楚自己是担心其中的哪些内容时，我建议你很坦诚地告诉孩子——清楚地告诉孩子你在道德方面的顾虑，也解释清楚你不让孩子做某件事的原因。但是要注意，这样做并不意味着孩子会不加质疑地服从你。较常见的情况是，孩子会抗议：“好吧，但我可不是你。”或者说：“你才不明白呢！”但是，如果你给出了你的理由以及逻辑清晰的解释，而且它们都与你的内在价值观一致，那么很有可能孩子尽管不情愿，但仍会听从你的决定。尽管孩子可能和你吵上几句来“赚回面子”，但他们内心深处还是会接受你的决定。

123 语气平静，仔细考虑孩子的愿望和观点，以及所作决定背后的原则与家庭的道德观一致，做到这些往往比你说的话更重要。你应该铭记你希望孩子从这些谈话中收获的内容——作决定的过程。这个过程便是哪怕派对和电影早就被遗忘，孩子也依然能记住的东西。

12. 天生不安分

“老师告诉我，我需要给孩子做个注意缺陷多动障碍（attention deficit hyperactivity disorder，ADHD）的评估检查，可我觉得他们其实就是想通过药物让孩子安静下来。我可不想让我的孩子安静得像个僵尸，我觉得问题在于他们根本不知道该怎么管我的孩子！”

在孩子发展过程中的某些阶段，你或其他人很有可能会怀疑他是不是患上了注意缺陷多动障碍。为了弄清这一点，父母往往会上网寻找信息，但总是会被网上的大量信息弄得晕头转向。这些信息通常囊括注意缺陷多动障碍发生的原因、治疗方法，甚至是判断标准。

有时，似乎每个与教育系统有分歧的人都会大胆地发表关于注意缺陷多动障碍以及它为何在我们的社会中如此普遍的看法。不过，大多数研究者认为，在我们的社会中，有 3%—5% 的孩子受到注意缺陷多动障碍的影响，这是儿童期行为障碍中最常被诊断的疾病。

“知识就是力量。”这句话在理解注意缺陷多动障碍的起源和治疗方案选择上，以及在如何与出现这种状况的孩子一起生活方面，体现得淋漓尽致。第一步，我们需要逐步理解这类情况意味着什么，又不意味着什么。基本上来说，注意缺陷多动障碍的诊
126 断不过是一个对一系列症状的粗略概述。这些症状会在三个基本方面被定为有问题：冲动性、注意和活动性。若要作出诊断，那么这些问题必须持续至少 6 个月，并且干扰了学业功能、社会功能或职业功能。

注意缺陷为主型的注意缺陷多动障碍

患有注意缺陷多动障碍，无法集中注意的孩子，也许很难将注意集中到某些话题上，这些话题在本质上往往是重复性的，而且很难让人兴奋起来。因此，这类孩子在学九九乘法表或拼写时，几乎会轻易地被任何事情转移注意，而在玩电子游戏时，又可以连续几小时全神贯注。电子游戏通常是飞速移动的，同时也是不停变化的，而大多数学校课程往往是用相对慢且相对有逻辑的方式传授知识的。这样一来，教师或父母很容易会觉得孩子只不过不想把精力放在学习上。

当然，对某些孩子来说，这个猜测是成立的，但是对患有注意缺陷多动障碍的孩子来说，他们是真的无法把注意集中在手头

的任务上。哪怕他努力在学习上集中注意，他也会发现自己的思绪不断地漫游在无关的事情上，如窗外的鸟鸣、走廊里的笑声或是笼子里的仓鼠滑稽可笑的行为。

很难区分真的患有注意缺陷多动障碍的孩子和单纯觉得上课无趣的孩子。在孩子因为差劲的学业成绩被叫到教师办公室时，
父母需要倾听孩子的解释。孩子有没有提到学习的材料非常无趣，127
而且学习的科目愚蠢可笑？还是说他很努力地在集中注意，但就是无法把思绪集中在这个主题上？其中的差别非常微妙，焦点应在于内在的某些事情而不是外在的某些事情。这个概念被心理学家定义为“控制点”（locus of control）。如果焦点在于内在的某些事情，那么便可能暗示着，这也许是注意缺陷多动障碍造成的问题。

重要知识点

真正患有注意缺陷多动障碍的个体会在校内外所有科目上都表现出困难，而不仅仅是某一科目。对患有注意缺陷多动障碍的个体来说，除非事情自带趣味性，否则凡是需要长时间集中注意的情境都会为他们带来挫败感，如在童子军中学习怎么打结、读游戏的说明书或如何正确地划桨。所有这些都是线索，表明可能存在超出孩子自控范围的问题。

多动—冲动为主型的注意缺陷多动障碍

除了难以集中注意，注意缺陷多动障碍还有一种情况，那就是孩子的身体一定会有几乎停不下来的动作。在学校里，他可能每过几秒就会离开自己的座位，或者以一种令人恼怒的方式不停拍打自己的腿，或者用铅笔敲打桌子。对任何课堂来说，或者对任何需要安静的场合来说，这都会是极大的干扰。因此，这样的孩子常常会因为“不听话”被送去教师办公室。惩罚是不会起作
128 用的，因为孩子真的无法安静地坐下来然后保持一分钟，有时候甚至几秒钟都做不到。这种类型的孩子也许可以把课堂上的内容听进去，但就是没有办法保持动作上的安静。

但这并不意味着所有发出噪声的孩子或者在教室里随意走动的孩子都患有注意缺陷多动障碍。区别在于，真正患有注意缺陷多动障碍的孩子其实更有可能理解自己应该怎样做，但是他们内在的“驱力”迫使他们无法保持安静。哪怕经过反复提醒，他们也真的无法遏制住自己的行为。

当然，抽动或者有重复性单一行为（如拉自己的嘴唇或头发、不停吸鼻子）的孩子也不一定患有注意缺陷多动障碍，这些行为往往由潜在的焦虑状态或感觉统合缺陷引起。这些问题与注

意缺陷多动障碍之间的区别在于，患有注意缺陷多动障碍的孩子的行为往往具有普遍性。这样的行为在之前从未出现，而只是在目前这个阶段刚刚出现吗？这样的行为问题是不是只在一种情境下非常明显，而在其他情境中并不明显？如果这些问题中，有一个答案是肯定的，那么孩子遇到的问题或许就不是注意缺陷多动障碍，而是对某一情境感到焦虑。

组合型的注意缺陷多动障碍

第三类注意缺陷多动障碍较为正式的名称是“组合型的注意缺陷多动障碍”（ADHD combined type），孩子既无法保持身体静止，也无法持续集中注意。通常情况下，这些症状并不如其他两种类型那样严重。而且，由于行为问题看似更不明显，其诊断会更加困难。

在学校这类情境下，父母也许能轻而易举地看出孩子难以 129
集中注意的问题，也能看出他们的身体难以保持静止，但如果是在家中，他们还能看出来吗？在家里，孩子的问题一般会以这样的方式显露出来。例如，孩子的身体在看电影或玩游戏的时候一直在动。而在集中注意上感到困难的孩子也许在没有持续性刺激的情况下会感到不舒服。因此，他们也许会在玩电子游戏的同时看电影，也会进一步在做前面这两件事情的同时戴上耳机听音乐。

重要知识点

任何对注意缺陷多动障碍的诊断，都应当由一位具有胜任力的临床医生，在与孩子和父母面谈之后，且从其他人（如学校中对儿童行为有足够知识的工作人员）手中拿到了测试结果和观察报告两者之一或全部，才能作出。父母不应自己试着去诊断和治疗孩子的症状，因为相同的症状也有可能由其他原因导致。

以下是一些例子，它们都是会导致类似注意缺陷多动障碍行为的常见情境：

- 父母离婚；
- 搬到新的城市；
- 失去所爱之人。

130 换言之，这意味着任何动摇了正常家庭生活节奏的事情都有可能是原因。对青少年来说，坠入爱河也可以导致看起来非常像注意缺陷多动障碍的症状。

背景知识

对那些真正患有注意缺陷多动障碍的孩子而言，他们的致病原因究竟是什么呢？答案是：尽管多年来许多理论都试图解释注意缺陷多动障碍，但研究者依然不清楚致病原因。例如，在某一时期，旨在解释注意缺陷多动障碍成因的主流理论认为，荧光灯引发了注意缺陷多动障碍的症状。这是因为注意缺陷多动障碍的症状看起来多少有些像轻微的癫痫发作，而强烈的闪烁灯光有可能激发癫痫。鉴于荧光灯会以每秒60次的频率闪烁，并且大多数学校都在使用，因此有人假设，是荧光灯导致注意缺陷多动障碍。

然而，人们设计了一个实验，在几所学校中用不会反复闪烁的白炽灯替换了荧光灯，其结果表明，这几所学校中的孩子的注意缺陷多动障碍症状并没有得到改善。因此，这个理论被证明是错误的，人们于是放弃了这一假设。被推翻的类似假设包括精制糖、人工甜味剂、食物色素和差劲的教养方式。尽管以上所有假设都可以在网上找到信誓旦旦的支持者，但它们其实都已被证明是错误的，而多年来也不再有人有兴趣研究它们。

131 不停地惩罚或责备无法控制注意缺陷多动障碍症状的孩子实际上没有任何效果，唯一的结果只能是父母感到更加挫败，孩子会产生更多情绪问题。在被要求集中注意或安静坐着的时候，一个真正患有注意缺陷多动障碍的孩子是无法控制自己的。他们的生理状况决定了他们天生如此，若你只是单纯地告诉他们“专注”或“好好表现”，将起不到任何作用。他们往往会意识到自己在同伴中是与众不同的，却无法主动改变。

如果你的孩子在一位具有胜任力的临床医师的评估下，被诊断患有注意缺陷多动障碍，那么作为父母，你有以下几种治疗选项可以选择。使用药物是最简单也最有效的治疗方式。有许多不同的药物可供选择，其中大多数是通过不同的刺激物增强孩子在学校集中注意的能力，同时减轻他们的多动症状。

父母往往会变得很担忧，他们很担心药物会让自己的孩子变成一个“僵尸”，或是担心孩子会药物滥用（abuse the medication）。二者都有发生的可能，但只在这些情况下才会发生：作为父母，如果你放任孩子吃大剂量的药，或是放任家里大一些的孩子不加限制地获取药片，则有可能出现这些结果。

药物被恰当地使用时，它们就会变得非常安全，而且药物治疗的副作用很少。一些确实会出现的副作用，如食欲低下等，往

往是暂时的，而且可以通过调整药物的剂量或种类消除。药物治 132
疗为孩子、父母、家庭和学校带来的益处远胜过药物的副作用。

药物很有可能在使用一两天之内就起效，父母会很快看到孩子的明显进步，尤其是在集中精力和待在座位上这方面。使用药物后，孩子往往会反馈说，他们更加能集中精力于课堂中发生的事，而且他们会因此感到很开心。在这个阶段，父母可能会误解，以为孩子的问题已经得到解决，他们再也不需要做其他事情了，但事实远非如此。

重要知识点

一旦孩子开始接受药物治疗，父母就必须承担以下责任：教会孩子恰当地使用自己的时间。教会孩子养成良好的学习习惯，在学习和项目中培养自律，以及帮助孩子学会安排自己的时间以便将事情做完。下面这些简单的事情可在学习中为注意缺陷多动障碍孩子提供帮助：

- 关掉电视和收音机；
- 从学习的区域中移走使人分心的玩具和电子设备；
- 确保学习场所灯光明亮、干净整齐。
- 在学校环境下，父母可为孩子在考试中争取额外的考试时 133
间，甚至提议在一个与其他孩子分开的干扰更少的环境中考试。

如果你倾向于不使用药物，也有一些研发出来的行为矫正项目可用来帮助患有注意缺陷多动障碍的孩子。通常情况下，这些项目必须由具有资格的临床医师实施和调整，再加上父母、学校的配合。这些项目比药物起效更慢，而且一般适用于轻度到（至多）中度的情况。

重要知识点

父母必须谨记的一个非常重要的概念是：如果不采取任何解决问题的措施，而单单期待着问题自动消失，只会带来灾难。若不采取治疗，注意缺陷多动障碍可以导致以下问题：

- 学业失败；
- 同伴排挤，与一个多动的孩子相处会非常不舒服；
- 更低的自尊，进而容易导致抑郁障碍或发展出大量与之相关的心理问题。

134 父母不应该认为患上注意缺陷多动障碍是孩子的错。与此同时，他们也不应该把这当作一种不可治疗的疾病。

其他发展性问题

除了注意缺陷多动障碍，还有许多综合征也是出生前就确定的。不论是在心理层面还是在情绪发展层面，所有父母都希望自己的孩子是完美的。然而不幸的是，人生的悲剧之一正在于，无论父母是否严格遵守饮食禁忌，是否得到充足的休息，是否按时运动，他们的孩子总有一定的可能性在出生后存在某些智力或行为功能方面的不健全。有时候，原因可以被查明，如染色体损坏或隐性基因，但大多数时候，原因无法确定，注意缺陷多动障碍正是如此。

对父母来说，在怀孕早期，他们有越来越多的可供选择的医疗测试可以做，这带来了一个非常大的挑战。一对夫妻可能选择了超声波、羊膜穿刺术等测试，他们也许会发现孩子患有唐氏综合征（Down’s syndrome），这样的孩子至少会有轻度的精神发育迟滞，而且很可能存在心脏方面的损伤。他们接下来就要面临令人痛苦的选择了——流产或者生下这个孩子，而这个孩子余生都需要被他人照顾。这样的选择从来无法轻易作出。

不论是否经过提醒，只要父母生下了“有特殊需求的孩子”， 135
他们就可能面临选择：在家养大孩子，或者把孩子送去某些机构。选择前者的父母要警惕，不要将自己的决定变成一场“十字军东征”。

许多父母常常会落入上述陷阱，将自己和家人完全投入对这些孩子的照料，以至于年长的孩子在不经意间被剥夺了正常的童年，成为照料“有特殊需求的孩子”的牺牲品。

父母可能会非常紧张地把精力集中在参与、领导支持小组上，或者过度投身于为研究筹募基金，这样一来，他们的“改革运动”会强势夺走整个家庭的精力。家庭中那些年长一些的孩子，原本是幸福而正常的孩子，却渐渐失去了笑容，忘记了怎么去开心，从而不得不开始过早地承担起一个成年人的角色。当他们自己的玩具被那个被家人允许不遵守规则的弟弟或妹妹毁坏时，他们或许只能沉默无言地忍耐。整个家庭都会像对待“玻璃人”一样，小心翼翼地照顾那个“有特殊需求的孩子”。他们认为哪怕一个普通程度的行为纠正，都会在某种程度上毁掉甚至彻底摧毁这个孩子。不恰当的行为被忽略，甚至会被父母以特殊孩子的不健全为借口搪塞过去。这对“不健全”孩子的兄弟姐妹造成的影响可以说是毁灭性的。

其他兄弟姐妹会轻易地开始认定：自己并不像那个“特殊的孩子”一样拥有那么重要的存在价值。父母常常会提醒这些孩子要多关心、照顾他们的兄弟或姐妹，因为这个兄弟或姐妹是与众不同的，需要得到更多的照料。客观上来看，尽管这件事无可厚非，却忽略了一点，即无论是否患有某种障碍，每个人都需要感受到自己是独特的，这是每个人的权利。没有一个孩子应该被迫产生这样的感觉：自己不如兄弟姐妹值得珍视。父母的这类举动不仅对那些生活被严重干扰的正常孩子来说是不幸的，对那个“有特殊需求的孩子”来说，也是如此。

父母可以做的最有效的事情之一，就是怀着满腔的爱去矫正一个“有特殊需求的孩子”，并且像对待正常孩子那样对待他们，而不是把他们视为一个“坏掉的”孩子或脆弱的孩子。在一个拥有不健全的孩子的家庭中，父母需要尽可能地使自己的教养方式正常化。但这并不意味着你要忽视不健全的存在，而是意味着你要与你的孩子一起努力去接纳它的存在，并适应它的存在。

对这样的孩子来说，前几章提到的行为矫正技术是完全适用的，只要我们提供的概念与孩子的发展水平相适应。作为父母，你也应该注意一点，即不要假设你认为是正强化（positive reinforce）的事物对（参看第 22 页）孩子来说同样是能带来喜悦或能作为奖励的事物，如下文身体接触的案例。

重要知识点

对大多数孩子来说，亲吻和拥抱是一种享受，可是对患有
孤独症谱系障碍（autism spectrum disorders）的孩子来说并非 137
如此。对孤独症个体而言，拥抱和亲吻带来的感觉并不好，因

此可能会造成这样的结果：他们会避免重复那些你希望去奖励的行为。确实，孤独症最早和最为常见的征兆就是面对他人的喜爱时倾向于退缩。父母会从专家那里寻求帮助。他们也许会抱怨，当他们试着去抱自己的孩子时，孩子会拱起背部，又或者，他们尝试去触碰孩子时，孩子会躲开。这种倾向其实是这类综合征的一部分，而不是一种针对父母的拒绝。对于这类孩子，父母也许需要以身体接触的替代物为奖励，来强化孩子的行为，例如：

- 食物；
- 玩具；
- 音乐。

如果做到了因材施教，而且照顾到了家庭中的其他成员，了解了他们对关注的需求，同时也意识到属于养育者自己的时间同样不可忽略，那么养育一个“有特殊需求的孩子”也可以像养育其他孩子一样有令人欣慰的回报，也能收获足够的成就感。

13. 在性的基本知识之外 139

很少有话题能像性的话题这样让父母感到焦虑。当孩子表现出性化（sexualized）的行为，或者当孩子到了一定年龄，开始对他人的性行为感兴趣，父母就会变得很焦虑。尤其是在孩子年纪尚小（11 岁以下）的时候，这类事情的发生会令父母异常紧张：如果他们注意到孩子似乎在自慰或者在揉搓自己的性器官，或者发现孩子对洋娃娃或小动物性器官周围的区域抱有极大的兴趣，父母就会觉得一定是哪里出了问题。

父母往往非常困惑，他们不清楚这究竟是孩子在模仿他们看到的某些行为，还是他们自己的发现。实际上，有很多孩子只是单纯发现自我刺激能带来舒适感，而这并不意味着他们是异常的，或是产生了异常早的性兴趣。

重要知识点

对小孩子来说，揉搓自己的性器官只是一个带来愉悦的行为，并不意味着其中包含任何的性含义。这个动作中的性意味

不过是成年人的投射。这样的行为如果没有得到反馈，通常会
140 随着时间自动消失。不过，如果父母对这些行为感到很不安，
或者这类行为出现在公共场合——这会让其他父母不让自己的
孩子与这个自慰的小孩一起玩耍，那么也有一些干预措施可以
帮助孩子改掉这个习惯。

对于小孩子，父母常常会选择的一种反应方式是，试着把他们的这类行为限制在某个特定的区域。举个例子，他们可能会告诉孩子："不要在其他人面前做这些事情！只有在诸如自己的卧室、洗手间这类私人空间才可以做这种事！"这些话暗示着性行为应当被限制在特定的区域，而不能暴露于公共场合。

不过，这些说辞很少对孩子起作用，因为父母误以为孩子的行为在本质上具有性属性，而实际上并非如此。父母也许会觉得，孩子已经开始做这种"超前于"其年龄阶段的事了，那么他们也应该有能力理解其他的概念，如社会中的尴尬场面以及私密空间，等等。可是，在孩子的眼里，这些概念让他们非常困惑。孩子并没有足够的认知能力或发展经验来理解这些概念。这样做往往会导致孩子发展出一种恐惧感。尽管父母的出发点不过是教给孩子做这些事情的恰当地点，但孩子会害怕自己是个坏孩子，

做的这些事是一些坏事。

如果这类行为让父母感到棘手，那么怎样的方法可以解决这个问题呢？有一个非常有效的技巧叫作“直接行动”（directed
action）。这个方法非常简单，不过是直接温柔且不动声色地把孩 141
子的手从那个敏感的部位拿开，并放到孩子喜欢的其他物品上。这个物品是父母觉得可以接受的，如一本书或一个玩具。这样做的时候，不能责骂、批评或吼叫孩子，以免引起对自慰行为的过度关注。相反，这是一件尽可能不引人注意的事。

在行为最初出现时就采取措施，可以防止孩子养成这样愉悦感官的习惯。而且，这通常也能让孩子轻松学会不自慰。这样做的原理是基于这一事实：替代的游戏比你制止的事情更加有趣、好玩。如果你在任何时间、任何情况下都这样处理这类事情，那么这种恼人的行为很快就会自然消失。

父母可以选择的第二个调整孩子自我愉悦行为的办法是平静中断法（见第 28 页）。也就是说，每当类似的行为出现，就把孩子放在一个了无生趣的环境中，这样就在孩子的大脑中把二者联系在了一起。这会使孩子从这种行为中获得的感官愉悦被从一个有趣环境中被带离的不开心抵消。这是消除孩子的问题行为的非常实用的技巧。父母有时候会反对这种做法，因为他们觉得孩子

142 会在平静中断的环境中继续自我愉悦，但这其实很少发生，因为被纠正带来的不安会扰乱他继续从事这个行为的想法。

不过，关于孩子过早产生性方面的兴趣还有另外一种解释。我们的社会确实存在这种可悲的现实，即有的孩子出现这样的行为是因为有人不恰当地爱抚了孩子。潜在作恶者的范围广泛，从另一个孩子到一个亲密的家庭成员，皆有可能。

如果孩子表现出抚摸自己的行为，那么父母应该怎么判断究竟是哪种情况呢？是来自孩子的自我发现，还是其他人的干涉？实际上，这个问题并不存在一个直截了当或复杂曲折的答案。不过，父母可以做一些相当简单的事情来帮助作出较为充分的判断。

实用小贴士

父母可以做的第一件事情是，关注这类行为出现的时间。这种行为是不是总在孩子在某个地方待了一段时间或与某个特定的人（如朋友、亲戚或家庭教师）相处了一段时间后出现？

如果这个时间看似与某个特定的人相关，那么孩子的行为大概率就可以与这个人的行为联系起来，这时候，这种抚摸自己的行为就不是孩子的自我发现了。

不过，这并不意味着孩子接触的成年人就一定是性变态，因 143
为也很有可能孩子只是在模仿他在另一个人家中观察到的行为。孩子经常会从门缝里和角落处偷看。模仿他们观察到的大人之间的行为是孩子的天性。如果这种行为看起来令人兴奋或愉悦，就更是如此。另外，也可能是别的家庭的其他人将性行为介绍给了孩子，如邻居，甚至另一个孩子。

如果你发现孩子的行为与另一个人存在联系，那么，我推荐你去寻求专业帮助，其中包括心理学家、社会工作者、精神科医生，甚至孩子的全科医生。尽早寻求帮助是更为谨慎的选择，因为通常干预得越早效果就越好。如果你强烈怀疑某个人对你的孩子进行了性骚扰，那么及时干预这个有问题的成年人非常必要，也许能避免其他父母经历你经受的痛苦。

父母常常担心家庭与他人的关系，因此更迫切地倾向于认为事情只发生了一次，是个偶然事件，或者认为这是他人暂时失去了判断力的结果。大多数父母希望相信他们的亲人、朋友和邻居最好的一面，甚至随着时间流逝，会重新信任作恶者，并且放心让孩子与他单独相处。但不幸的是，这样做往往会以悲剧告终。

统计数据清晰地表明，这类作恶者中，惯犯的比率非常高。 144
隶属于美国司法部（US Department of Justice）的性侵犯管理中

心（Centre for Sexual Offender Management）曾在其 2001 年做的文献综述提到作恶者的惯犯比率。

作恶者	惯犯比率
近亲乱伦者	4%—10%
强奸者	7%—35%
儿童猥亵者（女性被害人）	10%—29%
儿童猥亵者（男性被害人）	13%—40%
露阴癖	41%—71%

另外，哪怕你清楚地知道作恶者已经改正其行为，你也要考虑到，如果此时你允许这个人与自己的孩子相处，你是在向孩子传递怎样的信息呢？对你的孩子来说，你相当于告诉他，这个人做这样的事情是被允许的。最好的行动就是直截了当地拒绝这个人再次与你的孩子单独相处，哪怕这样会导致一些社交压力或引起家族中的争吵。

那么，如果作恶者是另一个孩子，你又该怎样做呢？或者，如果你发现你的孩子实际上在对其他人做这样的事情，你又该怎样做呢？这是不是意味着，这些作恶的孩子是十足的混蛋，再也不要让他与其他孩子一起玩了呢？为了解决这个困惑，你首先要
145 接受这一点：一个孩子有可能单纯地因为觉得某件事愉悦而去做这件事，他们实际上并不懂得这些活动中的性色彩。因此，对别

的孩子做这些行为，在他们看来实际上是特别符合逻辑且有道理的。他们会觉得无论如何这都不是个“错误”。

也有这种情况，即这些行为是孩子在生活中看到父母的性行为或在电视上看到成年人的性行为后模仿的结果。与另一个孩子（洋娃娃或小动物）共同模仿这个行为，其实只是单纯地重复他们看到的内容罢了。这类行为需要被理解为一种不恰当且有待纠正的行为，而不一定是某种潜在的性变态迹象。

重要知识点

兄弟姐妹之间不恰当的肢体接触会非常频繁。当兄弟姐妹的年龄相近时，他们往往会一起洗澡，他们会看到彼此赤裸的样子，同时也不会有陌生人或朋友之间的禁忌。

类似的活动还有“过家家”、扮演医生和患者的游戏等，这些行为很容易被父母理解为带有性色彩，尤其是当这些游戏中出现以下动作：

- 亲吻；
- 拥抱；
- “检查”生殖器区域； 146
- 试着进行性行为。

然而在孩子眼里，这些行为都是正常的，因为这是他们从别人那里观察到的行为。因此，他们做的实际上不过是角色扮演，而不是一些社会禁止的行为。

实用小贴士

为了帮助孩子矫正他们的行为，你要告诉他们，这些行为是不被允许的，然后向他们描述假扮医生、妻子、丈夫、父亲等角色时，他们可以做的事与不可以做的事的界限。对能够接受的事情展开积极描述，而不是只列出什么是无法接受的，这样的处理通常会让孩子更愿意听话。

不让孩子继续接触成年人的性行为是必要的步骤。同时还要采取其他补救措施，如使用我们前面提到的平静中断法。在这些行为彻底消失之前，还有必要密切监视你的孩子与其他孩子，尤其是与兄弟姐妹的接触。与你的孩子一起做这类事情的另一个孩子也应该接受相似的干预，以防这些行为反复发生或传播到其他孩子中。

147 11 岁之后，性接触的性质会有其他的意味。当孩子进入青春期并发展出与成年人相似的对性行为的社会理解时，他们会开始从一个不同的角度理解他们的早期经验，他们也会看到触摸、拥抱、接吻和依偎行为背后的真正性意味。

到了这个年龄，曾经被成年人动手动脚的孩子就会理解自己过去的经历是一种性剥削。哪怕已通过治疗和父母恰当的处理解决了这些问题，孩子也往往会在这个年龄再一次思考曾经发生的事，而且是带着新的领悟去理解当初的行为到底意味着什么。对此，父母也许会非常难以理解，也会觉得很棘手。父母认为自己已熬过创伤，可那些本以为已经过去的事却再次出现，扰乱他们的生活。他们不得不再次面对孩子的创伤，当然，也是他们自己的创伤。

尽管这种情况并不会出现在每个被性虐待的孩子身上，却也十分常见。因此，我非常建议父母为这种情况做足准备。对父母来说，一种做准备的方式是对虐待事件发生的时间点的细节进行充分而准确的记录。尤其是他们作为父母做了什么，没有做什么，背后的原因又是什么。另外，当孩子到达一定发展阶段时，重新回到咨询中也是有必要的。

同时，也是在这个成长阶段，父母往往会发现自己的孩子不再做一些父母眼中非常正常、自然的行为，这些行为往往旨在维持亲子关系，例如：

- 睡前的亲吻；

148 • 在父母洗澡的时候走进浴室；

• 允许父母帮自己穿衣服或找到合适的文胸等；

• 拉手；

• 涉及肢体接触的玩乐。

几乎所有青少年（不单是那些在早期经历中被虐待过的孩子）都会倾向于开始解读这些行为中的性意味，哪怕现实中并不存在这样的意图。此时，尽管父母根本没有性方面的意图，他们中的一些人会发现自己委屈地被指责为“同性恋”或想要性虐待自己的孩子。

如果发生这样的事，与其愤怒地为自己申辩，不如冷静地和孩子聊一聊他们的感受，安慰他们，并且告诉他们，性并不是你的意图。这样做往往比辩解更高效。青少年在这个成长阶段正经历一系列变化，他们正奋力地从新的冲动、欲望和感受中界定自己，父母应当理解，这不过是成长的一部分。

当青少年的身体逐渐趋于成熟，父母往往会发现自己在接受
孩子成长为一个成年人方面感到困难。他们会很抗拒放弃在孩子
149 的成长过程中作为父母所拥有的控制感。这样一来，冲突的阶段
就来临了。例如，女性使用的避孕药与男性使用的避孕套这类生
育控制手段会让父母落入左右为难的境地。如果他们把这些提供

给孩子，那么他们究竟是在表达允许孩子与同龄伙伴进行性活动，还是仅仅在尽父母的责任，试着保护孩子不陷入意外怀孕等困境呢？

重要知识点

无论你的选择是把这些预防怀孕的物品交给孩子，还是不让它们出现在孩子的生活里，都需要以坚实的道德、哲学背景为基础，而且你要明确且反复地与孩子讨论这些内容。许多父母试着为孩子提供这些东西或排斥孩子接触这类东西，其实是为了对那些他们不希望出现的行为施加控制或惩罚。这样的行为往往会适得其反，青少年只会觉得父母是在扮演专横的暴君，因而会更倾向于逆着父母的意思行事。

如前所述，对青少年来说，随着性激素水平增高，他们体验到的感觉和冲动是独一无二、前所未有的。尽管他们口头上承认其他人确实也能感受到深刻的爱情，其他人也有类似的冲动，但他们私下会觉得这种感受只有自己体验过。因此，父母给予的关于如何在异性面前表现的建议，通常会被孩子直接忽略，因为他们认为父母“根本不知道青少年真正的感受是什么”。

150 **重要知识点**

孩子决定与一个同龄人发生性关系往往不是为了违抗父母，而是因为他们认为自己对所爱的人有深厚的感情，或者认为性活跃对于自己的社会地位很重要。因此，父母在处理与性相关的交往话题时，需要了解青少年的心理。如果父母忽略了这一点，只想与孩子以平等的视角进行理论，或者根据自己的人生经验提供建议，那么他们的建议往往会被孩子视作是无关紧要的。

青少年自发的性关系往往会受到一些因素的影响，例如：

- 同伴的行为；
- 流行文化中的榜样；
- 父母和亲人的行为；
- 激素；
- 道德承诺；
- 青少年感受到的被潜在伴侣情感吸引的程度。

151 使父母与家中青少年的谈话工作变得复杂的原因是，这些影响因素的相对强度会随着多种因素的变化而增强或削弱，例如：

- 年龄；

- 孤独感；
- 受欢迎程度；
- 有可以倾诉顾虑的朋友；
- 生活中发生的情绪唤起事件，如父母离异。

因此，试图在某个时间点彻底弄清青少年发生性行为的原因几乎是不可能的。但是，这并不意味着父母应该放弃谈论这个如此重要的发展领域。相反，父母应该试着从日常琐碎的生活中退一步，从更大的道德背景来理解为什么青少年的这些行为对父母自身而言是重要的，然后再继续回应这些行为。

在你看来，一个人从几岁开始可以与人发生性关系呢？大多数父母会希望永远不要遇上这个问题，因为其中包含太多的道德冲突。我们几乎都没解决自身在成长与亲密关系中的问题，因而也希望这个问题不要落在自己的孩子头上。

对于这个问题，父母千篇一律的回答往往是“等他们结婚
了”或“等他们长大了”。尽管这个答案似乎解决了问题，但在 152
实际生活中，又往往带来新的困境。在这方面，大多数青少年都会觉得自己已经足够成熟，自己已经长大了，完全有能力为自己作出选择。

与确定一个绝对的年龄作为可以与人发生性关系的时间点相

比，更有效的方式是问一问青少年自己的期待或者他们认为怎样做是恰当的。父母经常会在这个问题前却步，因为他们非常担心自己的孩子会回答："此刻开始就可以发生性关系。"但实际上，现实往往并非如此。

其实，青少年在听到这个问题时，往往会感到十分感动，因为他们觉得在这样一个重要的"成人"话题上，父母竟然询问了自己的看法。因此，他们要么会给出一个经过深思熟虑的提议，要么会表达困惑，如回答"我也不清楚"。但无论是哪种情况，你都拥有了一个与孩子开诚布公地聊一聊这个重要的发展阶段的机会。

你们在这个领域的讨论应该涉及较为广泛的议题，不局限于"究竟到什么年龄可以发生性行为"这个小话题。你们的探讨应该涉及多种话题，例如：

- 怀孕；
- 性病；
- 责任；
- 153 根据你的家族道德信念，哪些行为是可接受的，哪些行为是禁忌（如未婚同居）。

需要探讨的常见问题包括：

• 对于性关系双方的年龄差，你有怎样的看法？

• 对于口交和肛交，你有怎样的顾虑与想法？

• 在没有准备的情况下，当性关系带来了新生命的诞生，你们的关系要持续多久？

• 在你的价值观中，对于多个性伴侣、同性恋、随意的性关系以及婚姻关系之外的性关系，你有怎样的看法？

这个话题列表很长，因为我们要探讨的问题太多，远非一章能讨论完全。当你家中的青少年发展成熟，需求也发生了变化，你还需要回到这个话题，继续探讨它。

在进行这些探讨的同时，你也必须反思一下自己的行为对孩子的影响。作为他们的榜样，很明显你会对他们的行为产生极大的影响，尤其当你做以下这些事情时：

• 出轨； 154

• 未婚同居；

• 有许多性伴侣；

• 看过于明显的以性为主题的电影或表演。

所有年龄的孩子都更倾向于“做我所做的事”，而不只是“做我告诉他们去做的事”。

重要知识点

与孩子在以性为主题的价值观和实际选择上展开探讨，并不意味着你们总要认同彼此的观点，但这至少意味着你们会开始理解并尊重彼此的选择背后的理由。在这个至关重要的领域，孩子如果有一些非常固执而且会影响他们的所想与所为的观点，你当然需要去纠正。与放任自流相比，你至少应以这种方式处理这个议题，它会让你有更好的机会将你认可的价值观传授给孩子。不仅如此，除你之外，几乎没有其他人会替你完成这项任务（如学校），而孩子也更不可能自己发展出这些观念。

与孩子谈论“性”这个如此沉重的情感话题永远不会是一件容易的事。你要做好充分准备，你可能会遇到眼泪（你和孩子都可能流泪）、愤怒和挫败感。不过，如果你打算抓住所有潜在的机会去影响孩子的发展，那你一定要坚持住。

155 那么，如果一个青少年质疑自己的性取向，怀疑自己是同性恋或双性恋，父母又应该怎样做呢？当征兆、迹象或明显的证据出现时，如偏好已经十分明显，那么你应当和孩子坦率而直白地讨论它。“我是一个青少年”几乎可以与“坚决维护自己的个性”画等号。青少年往往并不清楚哪种价值观应尽力维护，也不清楚哪种信念应继续保持直至成年。质疑一个人的性取向就是青春期这个过程中非常典型的一部分，父母应该及时意识到它的重要性。

重要知识点

大多数研究表明，同性恋并不是一种“生活方式的选择”。在大多数情况下，它由天生的生理机制决定，在某些偶然的情况下，则是对创伤的一种反应。父母最初听到自己的孩子是同性恋时，往往很郁闷。可是，由基因决定的性取向无法改变，不论是大吼大叫、乞求子女，还是用各种方式实施威胁，都无济于事。因此，父母应当把同性恋看作孩子的一种天生的特质。

如果孩子天生喜欢同性，那么父母若寻求心理咨询师的帮助，则咨询目标应设定为帮助这个家庭接纳孩子的性取向，而不是改变它。这个话题不但对父母来说是一个具有相当重要的情感意义的话题，对孩子来说同样如此。在这种情况下，家庭治疗应 156
是帮助整个家庭接纳这一点的最好的办法了。

创伤诱导或反应性的同性恋，其实是青少年卡在了进退两难的位置上。一方面，他们被生理驱动，想要体验性生活；另一方面，这类体验与过去一些严重的负面经历联系在一起。有一个非常典型的例子，是一个女孩的故事。这个女孩在进入青春期之前，一直被一个男性强制定期性虐待了数月甚至数年。现在，这个女孩已成长为青少年，开始理解所发生的事情的本质，因而陷入一种两难困境：一方面，由于过往经历，她会被“与男人发生性关系”的想法击退；另一方面，她也渴望性关系提供的体验，如亲密与被爱。因此，她会把自己的爱慕之情倾注到一个女性客体上。

在这种情况下，女孩需要一位心理治疗师来帮她学会如何面对其身上发生的事，当然，这也需要在父母的支持下才能实现。在接受这些帮助之后，她也许会保留自己的性取向，也有可能放弃。这取决于非常多样的因素，如虐待的强度、她内心深处形成的依恋的深度，以及周围人的反应。

不论在哪种情况下，如果孩子变成同性恋或双性恋，父母都有必要再次审视自己的价值体系，看看对他们来说，孩子身上的特质哪些是重要的，哪些是不重要的。孩子是同性恋并不意味着
157 世界末日。接纳孩子原本的模样才是问题的关键。如果你谴责孩子，或者尝试用粗暴的手段让孩子成为你希望他们成为的模样，那么只会让孩子从你身边逃走。

如果父母执着于“纠正”孩子的性取向，可能最终会毁掉自

己曾经传授给孩子的其他价值观在孩子眼中的意义。例如，你曾经教给他们的诚实、爱、善解人意与责任感，他们可能都不再相信。

建立接纳的第一步，是父母开诚布公地与孩子沟通自己的真实感受，避免责怪孩子，用开放的心态倾听孩子的困扰。这个过程或许会较为漫长，也许还需要一位心理咨询师的帮助，但从与孩子的终生关系来看，最终的结果值得父母付出努力。

159

14. 家里的危险

在近几十年所有可能影响孩子行为和育儿实践的发展变化中，互联网的出现不论是在广泛性上还是在强度上，一定名列前茅。忽略这个既可以作为沟通方式，也拥有社会影响力的媒介，对父母来说是非常危险的。

几乎每天都会发生这类与流行媒体有关的故事——网络世界中蠢蠢欲动的猎手成功诱捕一个年轻人进入性关系，或者让他落入不当关系的陷阱。从许多方面来看，网络世界就像一个古老的西部世界，充满神秘感，拥有无限的可能性，但对粗心的人来说，其中遍布着致命的危险。网络和相关的线上线下游戏都可以对不同年龄段的孩子施以正面或负面的影响。如果你有机会以一种反映自身价值观和理想的方式抚养孩子，那么你必须对以下内容给予相当多的考量：

- 允许孩子访问的网站；
- 他们可以保留的邮件联系人；
- 他们可以玩的游戏。

对青春期前的孩子来说，你允许他们玩的游戏也许正是对他们道德发展影响最大的因素。在你允许孩子玩游戏之前，你需要明白自己在乎的核心价值观是什么。有些游戏会美化偷窃、伤害 160
他人和杀戮，有些游戏会将男性和女性视为可供利用的性对象，还有些游戏会把对同伴或帮派的忠诚描绘为凌驾于社会之上。

实用小贴士

实际上，只参考游戏的评分无法真正了解游戏中体现的价值观。如果你决定允许孩子玩网络游戏或单机游戏，那么你必须至少玩一次游戏才能深入了解游戏中推崇的道德和价值观。

你应该从道德价值观的角度看待游戏：

- 窃取、获取财富或权力的意义高于一切吗？
- 游戏是否涉及将敌人切成碎片，血光四溅？
- 游戏有没有传达关于尊重他人财产和权利的信息？

如果这些问题的答案不是你想要的，那么无论游戏多么受欢迎，你都最好不要让孩子参与。

大多数情况下，我们倾向于不假思索地接受游戏是一个幻想 161
世界，完全独立于日常的现实世界。但实际上，孩子很难区分二者。遗憾的是，父母作为负有责任感的好榜样，每日工作，操持家业，为未来攒钱，在孩子眼中充其量只能与电子游戏里的暴力英雄相提并论，而且往往逊色得多。孩子并没有成年人的丰富阅历，他们无法区分现实与幻想。

网络色情

大多数网络使用者都会意识到，色情网站非常容易访问。这些网站的开发者通常希望让尽可能多的人参与他们的活动，从而使自己“交流与性相关的内容”的行为合理化。一旦参与的人多了，他们就可以合理化为“每个人都这样做，因此，这么做没什么问题”。有些人会非常巧妙地将这类网站设计得很容易被儿童访问。因此，作为父母，你必须做两件事来应对这些网站：

• 在家庭电脑中，尽可能多地屏蔽破坏性的或干扰性的网站，定期查看孩子访问的内容；

• 与孩子开诚布公地讨论他们浏览的内容的性质，并与他们探讨哪些活动是恰当的，哪些活动是不恰当的。

162 单纯地防止孩子浏览负面的性信息或接触负面的道德榜样是远远不够的。如果你希望自己的孩子效仿自己，那么你必须展现出自己的信念与道德标准中积极的可选择的方面。

这给许多父母带来了困惑。因为成年人通常认为，成年人有一套道德标准，而孩子应该有另一套道德标准。许多父母现在会使用互联网搜索网络性爱的相关信息。他们认为，这些活动并没有违背他们要忠诚于另一半的誓言，毕竟现实生活中没有发生与性相关的事情，既然如此，这些行为有何不可呢？

与此类似，父母也会觉得，成年人可以玩一些“无害”的网络角色扮演游戏。在这些游戏中，他们可以光明正大地偷窃、欺骗、杀戮或伤害他人，因为他们可以清晰地区分幻想与现实。这一切都建立在这一观念之上：他们不会将真实世界与他们出于“娱乐”而做的事情相混淆。

作为成年人，我们相信自己有能力在一定程度上控制自身行为，换言之，我们会严格遵守底线。这就是一个成年人与一个孩子，或者一个青少年访问一些网站时的区别。并不是说我一定要争论该话题的正确性，而是我需要再次向你提出建议，必须反思你自己的行为对孩子的行为发展的影响。

如果你吸烟，孩子吸烟的可能性就会大大增加。如果你喝酒，那么你其实也增加了孩子饮酒的可能性。实际上，孩子会模
仿成年人的行为，而不是单纯听从他们说的大道理。因此，如果 163
你访问这些网站，那么你的孩子访问它们的可能性也极有可能会更高。

那么，能不能瞒着自己的孩子做这些事呢？实际上不太可能。大量父母的经历可以证明这样一个令人遗憾的事实：在电脑技术上，孩子的知识往往比他们的父母更丰富。在访问你一直以来浏览的东西这方面，儿童有着非常惊人的天赋。

有关游戏和色情网站的底线应该是这样的，即如果你认为孩子访问这种网站会令你感到不安，那么你就需要重新考虑自己是否要访问。成为一个负责任的父母角色的榜样并不容易。然而，如果回报是培养出的孩子具有我们所珍惜的品质，包括诚实、坦诚和关怀他人，那么这个结果带来的自豪感将无法估量。

青少年和互联网

对于年龄稍大的孩子，尤其是青少年，网络和社交网站似乎是不断增加的社交活动的来源。这些网站允许害羞的孩子大胆与人交谈而不用担心后果。网络社交不需要处理面对面聊天时的沉默和尴尬氛围就能体会与其他人的亲密感。

聊天室提供了在交流中不负责任地夸大自己的年龄、生活经验、外貌、兴趣等的机会。显然，你可以不用担心后果，以替代性的面具示人。然而不幸的是，这些网络沟通往往会让处于
164 “认清自己究竟是谁”这个发展阶段的孩子受到操纵、剥削甚至

虐待。

青少年会用网络来嘲笑他们的同龄人。这种行为大多会以无害的恶作剧或笑话的名义实施。年长者可以找到接触更年轻更具可塑性的思想的途径，这些思想可以被塑造以适应他们自身关于爱与接纳的观点。性方面的“掠食者”则往往能说出所有青少年或孩子希望听到的内容，并以此来捕获新的“猎物”，他们也因此臭名昭著。

重要知识点

由于能提供互联网的设备——无论是计算机还是智能手机，已变得无处不在，因此阻止孩子使用网络的尝试并不简单。你需要做的，其实是再次抱着开放的心态，真诚地与孩子谈论他们在互联网上做的事情，并鼓励他们与现实中的人产生交集，而不仅仅是与虚拟世界中的角色交往。

作为父母，你必须提醒孩子注意其他人有可能通过网络对他们做的某些事情，并且要监控他们与其他人交流的内容。不过，这并不意味着你必须查看孩子发送的每封电子邮件，或查看他们在聊天室中保存的每段对话。但是，你可以也应当让孩子有这样的预期：此类活动全都要经过父母的审查。

165 父母往往不太敢监督孩子在互联网上发的消息，以及在互联网上所说和所做的事情。他们会反对，觉得这侵犯了孩子的隐私权。尽管这个想法本身没错，但它其实没有道理。令人沮丧的是，成千上万的人并不知道，他们在工作电脑上进行的所谓私密、亲密的谈话实际上会被公司负责安全的人员审查，这其实是合法的。

重要知识点

大多数在电脑上进行的操作都会被其他人知晓。大量窃取身份、财务数据和个人信息的黑客的存在就可以说明这一点。在涉及电脑的工作环境中，你其实没有任何隐私权。那么，你又何必向孩子传达明显是错误的信息——他们在网络上的痕迹是神圣而不可侵犯的。因此，你最好一开始就让他们明白，他们在电脑上所说和所做的事情可以也可能被其他人监督。父母扮演监督者的角色实际上合情合理。这样一来，孩子从一开始就不会在电脑上写或说他们不希望你知道的事情。

这就是我们如今的现实生活的真实模样。你所做的一切其实就是在告诉孩子，接受这个世界。随着科技的发展，我们已经越来越多地生活在他人片刻不停的监控下——从记录我们驾驶习惯

的高速摄像机，到银行、停车场和十字路口的监控录像。我们要 166
接受这一点，即其他人有可能会通过各种渠道了解我们的个人习惯和行为。如果我们不希望别人看到自己的某些行为，那么要改变的是我们的行为方式，而不是监控者。

167 # 15. 老师又打来电话了吗？[①]

谈到教育这个话题，我并不是认定了要强制要求所有的规划或体制去尊重它。我只是想说，我把教育视作生而为人所要做的最重要的事情之一。

——亚伯拉罕·林肯（Abraham Lincoln）

父母通常会在孩子的学校活动中投入大量的情感与精力。有些父母认为良好的教育是获得更好生活的门票，而有的父母认为学校是展示孩子运动能力的机会，更希望孩子成为他们一直期待的明星运动员。另外，学校对有些父母来说，是孩子建立社会关系的渠道，而且在他们眼里，这些关系对孩子在未来的生活中取得成功非常重要。

因此，当一个孩子在学校中表现不佳时，父母常常会非常往心里去，仿佛孩子是在故意违抗他们，或者认为孩子在浪费一个自己愿意倾尽所有来换取的机会。父母的反应通常都是愤怒。这

① 原标题中为“校长”，为符合中国国情，改为“老师”。——译者注

些愤怒常常指向孩子，有许多时候也会指向教师或学校，因为父母觉得他们没能好好解决孩子的问题。

站在父母的角度，他们会觉得自己全力以赴履行工作职责，支付生活账单，还要经营家庭。然而，孩子在学校表现不佳的个 168
体因素有很多，通常可大体分为以下四个类别：

- 天生的学习障碍；
- 情绪问题；
- 社交或关系问题；
- 家庭状态的反应。

如果你是迫切希望孩子在学业上有所成就的父母，那么对你来说至关重要的就是判断孩子学业不佳的原因。

尽管这似乎合情合理，但不幸的是，大多数父母忽视了这个简单的概念，并认定自己的孩子已不再努力学习。基于这个底层逻辑，父母会接着发布一套纪律作为措施，通过限制一些活动或许诺奖励作为奖惩来帮助孩子获得好成绩。

在某些情况下，这种方法的确有效，因为孩子在学习时，可能会像所有成年人那样有松懈的时候。有时他们所需要的，只是多一些外部激励来督促他们努力并取得成功。然而，父母可能会把这种方法当作唯一的手段，而不幸的是，在学校中没有取得好成绩的其他潜在原因被忽略了。

那么，父母究竟该对子女在学校中成绩不佳的消息作出怎样
169 的反应呢？第一件该做的事情应该是确保孩子的成绩并非由身体原因导致。在视力和听力筛查方面，学校往往做得不错，但并不代表这项工作万无一失。孩子 6 岁时的筛查结果正常，并不一定意味着 10 岁时没有视力和听力上的问题。其实，评估这些很容易。如果你没有做到这一点，那么你可以设想一下，如果你连续 6 个月因学习成绩下滑而限制孩子的娱乐时间，或者要求他们去做额外的家务，却最终发现成绩下滑的原因在于孩子没有眼镜，看不清黑板，此时，你的心情会如何？

排除身体原因后，父母接下来需要判断围绕问题的其他因素：

- 孩子经历的失败来自方方面面，而不只存在于某些方面？
- 在家里完成作业时会出现这个问题吗？还是只在学校发生？

此时我们会发现，与教师、校长、指导员和校医的沟通非常有价值。这些人非常专业，你应当认真听他们叙述的内容，而且要尽量避免偏见。

如果问题只在学校或大部分时间在学校发生，那么特定学习
170 障碍或发展障碍可能是问题所在。具体表现为：

- 特定领域的学习能力出现障碍或有缺陷（如阅读、数学、写作等方面）；
- 各方面均缺乏能力（如精神发育迟滞或发育迟缓）；
- 身体状况的影响（如注意缺陷多动障碍、孤独症谱系障碍、癫痫发作）；
- 情绪问题的结果（如抑郁、焦虑、幻听等）。

大多数教育系统都配有专门的学校心理学家，他们可以通过测试来确定你的孩子是否存在特定的学习障碍（如不能以大多数孩子的速度学习的障碍）或能力方面的问题。

如果你怀疑孩子的某些障碍是问题的根源，那么建议孩子接受彻底的评估是恰当的选择。如果孩子被诊断出学习障碍或智力问题，那么可以在学校环境中采用特定的教学技巧，帮助孩子学习。应用这些技术教学的教师，被称为“特殊教育教师”，学生通常每天在他们的陪伴下学习一到两个小时，其余时间则在普通的教室中学习。

作为“有特殊需求的孩子”的父母，你可以从这些教师那里 171
学习如何在家中指导、理解孩子，以及如何与孩子互动。

即使孩子在学习障碍、精神发育迟滞或身体障碍等方面的评估结果呈阴性，学校的评估团队也总会大胆提出意见，以深入了解孩子出现学习困难的原因。

现在让我们假设心理评估已经完成，并且不存在可以解释学业表现不佳的智力或学习能力问题。在这种情况下，可能性主要有三种：

• 情绪问题或心理问题干扰了孩子的学习能力，导致孩子在学校中成绩达不到正常水平；

• 某种社交问题导致学习困难；

• 糟糕的学业表现是孩子对父母行为的反馈，或是一种表达愤怒或沮丧的方式。

对孩子有影响的情绪或心理问题关涉的范围很广，包括从暂时性的抑郁、焦虑到家庭中发生的事件（如父母失业或家庭的未来处于不确定之中等）再到严重的精神病性幻听与幻觉症状，等
172 等。从许多方面来看，孩子在学校的表现都可被视为风向标，父母可以据此来衡量孩子的整体适应水平。在抑郁和焦虑的情况下，前文讨论的干预措施（见第 9 章）是比较恰当的处理方式，而在更严重的精神疾病状态下，则需要整个家庭投入专业治疗。但是，如果学业的失败是由于社交问题，父母面临的情况会变得更加复杂。

学校通常是孩子学习如何与他人互动的主要环境。孩子正是

在这种环境中学习如何应对他人的欺凌和强迫等问题，他们也将学习如何建立友谊（也同样会明白怎样做会树立敌人）。父母倾向于将学校视为获得知识的地方。然而，对孩子来说，学校里的社交与教学一样重要，有时候甚至更为重要。

也许你的孩子很想加入一个小圈子，却被这个小圈子嫌弃。也许你的孩子不相信自己有任何朋友。也许你的孩子对自己的外貌感到羞愧。如果这些或其他社交问题令你的孩子感到痛苦，而且他们不知道该如何处理，你又如何能指望他们先去完成英语作业或想办法提高成绩呢？

重要知识点

真正能判断出孩子是否遭遇不被接纳或社交应对方面的
问题的最好办法，就是与他们坦诚地谈一谈学校中发生的事 173
以及他们的经历。这并不意味着你要问孩子："在学校过得怎么样？"也不意味着他们对这个问题的回答是"还可以"就行了。实际上，这意味着你要倾听他们谈论的主要话题，使用和他们一样的语言。当你与孩子真诚地讨论学校里发生的事情时，你必须特别注意孩子描述他人时使用的词语（诸如"可恶的""欺凌""卑鄙"这类词语都应该引起你的警觉）。

你也许会试着和孩子聊聊怎样应对欺凌与嫉妒，怎样面对竞争者和辜负自己信任的朋友。孩子对否认与拒绝特别敏感，也对你提供给他们的有助于在他人面前表现和交朋友的建议非常敏感。如果孩子对你的鼓励与你讲述的年轻时自己处理类似问题的故事置若罔闻，不用感到挫败，因为这只是一种假象。尽管孩子很少表现出对你的建议很受用，但实际上，你的话对他们来说有非常显著的影响。

当孩子从他们接触的同龄人身上获取到足够的安全感时，他们的成绩也会随之提高，不过，成绩的提升也许需要过一段时间才会显现。

如果并没有情绪或社交问题干扰孩子的学业，而孩子的成绩还是不好，这时我们又该怎么做？让我们假设你已经与医生、学
174 校心理学家以及孩子都开展过详谈，你对孩子在学校和社交中发生的事情了如指掌，但你发现所有这些都不能解释孩子成绩整体下降的原因，这该怎么办呢？

在这种情况下，孩子很可能是出于一些与学校科目无关的原因故意表现不佳。尽管在这种情况下压抑住愤怒和受伤的心情非常困难，但你必须避免落入情绪陷阱。相反，你必须尽力冷静地分析情况，仿佛你是一名客观的外部观察者。你必须对以下这些

内容作出判断：

- 孩子的这一行为始于何时？
- 孩子出现这种情况时，家中是否发生了一些事情？
- 孩子的行为造成的结果如何？

案例研究

有一个 10 岁女孩的典型案例。她来做心理咨询的原因是父母担心她在学校的表现。她的行为并不是任何身体原因导致的，而且心理评估的结果显示，她可以达到的潜在学业水平远不止目前的成绩。这个女孩并没有表现出情绪问题，她的父母也没有发现任何影响她学习的社交上的困扰，可她的成绩依然下降了，从班里的佼佼者变成低于班级平均水平。

她的父母试着建立了一套奖励制度，只要她拿到好的学业成 175
绩就会有奖励，可是收效甚微。接着，他们试着限制她的娱乐活动，也许这样她就会花更多时间在学习任务上，可她的成绩依然没有太大起色。尽管父母在家里花了几个小时，确保女儿完成作业，可女孩似乎从来没有把它们交给过教师。无奈之下，她的父母只好向心理咨询师寻求帮助，希望了解孩子究竟怎么了。

在这个女孩逐渐敞开心扉后，一切都渐渐变得明了：她的家庭动力学（dynamics）发生了渐进和明显的变化。这个家庭由一对父母组成，他们的关系稳定，并没有分居或持续不断的冲突。家中有两个孩子：10岁的女儿和她8岁的弟弟。

女儿在学校一直表现得非常好，而儿子充其量只是一个成绩平平的学生。因此，在学业上，儿子需要父母的大量帮助。不过，儿子有一个优势，同时也是他们父母的骄傲，那就是运动天赋。儿子参与了许多有组织的活动，而这些活动恰好需要父母投入大量时间和精力。父母合理地解释了自己的行为：他们不得不在儿子的运动活动上花大把时间，因为这对建立儿子的自尊很有必要。父母所说的这一切都没错，但他们忽略了这样一个事实，那就是他们正在与一个年仅10岁的小女孩沟通，她的归因方式与父母并不一致。

176 对女孩来说，父母慷慨给予弟弟那么多关注，实际上就是剥夺了一部分他们给予自己的爱与时间。她在学校中得到更好的成绩，父母在她身上花费的时间却更少。这是因为父母并不需要像担心弟弟一样去担心她。当她开始失败或完成不了作业时，她的成绩下降了，教师打来的电话和给父母的提醒越来越频繁。因此，父母在她身上花费的时间一直在不断增加，以此来确保她能交上拖欠的作业，以及确保她能完成新的作业。

心理学界有句老话：“哪怕是负面的关注也胜于得不到关注。”这句话在这个女孩的案例中体现得淋漓尽致。父母在她做作业上花费的时间对这个女孩很重要，为此她甘愿承受被父母批评的难过。结果，不论父母怎样努力，这个女孩的成绩还是一落千丈。

要解决这个问题，非常重要的一点是理解父母的陪伴时间与关注会强化女儿的行为。在理解了这一点后，父母便可以找到一些特别的事情，这些事情他们只能和女儿一起做，而儿子不会参与进来。要小心地平衡两个孩子对时间和关注的需要，这样这个家庭就能建立起一种恰当的关系，让姐姐不至于在父母陪伴弟弟时感到自己被忽视。这样一来，女孩的成绩在短时间内就会大幅度上升。

拒绝上学 177

最后一个需要提及的与学校中的表现有关的困境在 1941 年被首次定义，那时候它还称为“学校恐惧”(school phobia)，但现在被打上了“拒绝上学”的标签。弗里蒙特（Wanda Fremont）2003 年撰写的一篇文献综述指出，这种情况会在 1%—5% 的孩子身上出现。如果不及时处理这种情况，那么未来孩子发展出长期心理障碍的可能性将会很高。

这个名词表明，孩子出于某种原因害怕学校，因而当他们接近学校时，会变得更加焦虑。然而，孩子担忧的对象很少是学校本身。你反而需要去识别这种焦虑障碍的两个亚型：

- 孩子有可能害怕遇到学校的某些事或某些人；
- 孩子也有可能是害怕远离家庭。

上述两个问题都有可能使孩子不敢上学。

在第一种情况下，孩子的恐惧感可能源于被欺凌、被小团伙排挤之类的事情。成年人会回避让自己不舒服的情境，孩子同样
178 如此。孩子与成年人最主要的区别或许在于，孩子更倾向于不表现出恐惧，或者说他们压根没有识别出自己的恐惧情绪，反而以愤怒的形式将自己的恐惧表现出来。年纪较大的孩子通常会告诉你他们就是不想去学校罢了，如果你试图询问他们原因，他们会变得很生气。

作为父母，你必须听出孩子叙述的表面内容背后的信息：

- 他们表现出的对学校的愤怒与事件本身的严重程度是否远不成比例？
- 这是不是与他平时的个性不太一样？

如果以上两点成立，那么这种愤怒很有可能是恐惧或焦虑的

一种形式。

你要和孩子聊一聊他们究竟在害怕什么，接着再讨论应对的方式。相比于讲大道理以强调上学的重要性与教育的价值，这样做更能解决孩子不肯去学校的问题。这为父母提供了一个很好的教育孩子如何面对令人害怕的人或团体的机会。

在拒绝上学的第二种情况中，孩子感到恐惧的内容其实与家庭有关。孩子不去上学的原因在于，他不想离开自己的家。可能
造成这种情况的典型问题包括父母频繁吵架、濒临分居或离婚。 179
其他情况可能是父母中的一方出轨，而且被孩子知晓。还有可能是家庭遭遇经济危机，而这个危机严重到会破坏家庭凝聚力。另一个典型的例子是，家中有人因军事调遣等原因而不得不或有很大可能性离开。

重要知识点

以上这些情况都有可能导致孩子在家庭环境中失去安全感和信任感。他们可能想一直待在家里，而且隐隐约约抱着这样的信念：只要他们的身体不离开家，就能防止家庭破裂。作为父母，你自然明白实际并非如此。

几乎所有孩子都需要一个安全的港湾，这样他们才能冒险

出海，乘风破浪。如果家庭的安全遭到威胁，那么孩子走出家门去从事上学之类的事情的动力会大大减弱。因此，孩子可能会谈到对学校的恐惧，但拒绝上学的行为实际源于他内心深处的认知：如果我离开了家，家里就会发生不幸的事。

既然如此，解决家中的冲突对于解决孩子不肯上学的问题就
显得非常关键了。如果你解决了“家庭环境变差”这个问题，那
180 么“孩子很难去上学”这个问题很有可能很快就会消失。包括孩
子在内，一家人好好谈一谈会非常有益。孩子会不断为选择这样
做的父母带来惊喜，孩子会提出合情合理的建议，也会做出合情
合理的行为。

如果父母的干预对拒绝上学的行为没有任何改善，那么我会建议父母寻求心理咨询师的帮助。采用如认知行为矫正、系统脱敏等技术进行治疗，对解决这些方面的焦虑非常有效。据研究人员估计，治疗的成功率为 80%。

16. 当我们只能分开 181

“离婚”（divorce）可以说是英语中最难听的词之一了。一段婚姻的瓦解对个体来说是一种毁灭性的打击，对夫妻和家庭来说也是如此。不过，生活的真相却是，当今有将近一半的婚姻关系可能由离婚画上句点。人们有时会通过未婚同居的方式来尝试规避离婚这件事，但这个小诡计躲不开分手为个体带来的痛苦。尽管我没有办法让离婚带来的痛苦消失（其中也包括同居分手），但可以做一些事情减少离婚对个体的打击。

关系结束的原因有很多种，最常见的不外乎以下这些：

- 伴侣一方或双方出轨；
- 曾经感受到的爱意消失或减少；
- 身体虐待、情感虐待或忽视；
- 毒品、酒精、色情制品等成瘾；
- 伴侣一方或双方渴望“解放”，希望追求丢失的生活方式。

以上所有这些情况都有一个共同点，即你对一个曾经深爱或认为自己深爱过的人产生了负面感受。

182

父母的外遇

如果是你或你的另一半有了外遇，那么你们通常会感到内疚、羞愧和后悔。当人们发现自己爱上另外一个人，同时也下定决心结束当前的关系时，人们通常会出现一种心理机制。这种心理机制最初在 1957 年被费斯廷格（Leon Festinger）定义为“认知失调”（cognitive dissonance）。在这种心理机制中，人们会倾向于看重新欢的优势，而忽略他或她的缺点。与此同时，人们还会对自己目前的伴侣产生与新欢相反的认知失调。这种心理活动使人们更容易为自己不忠于先前的承诺关系进行辩解。

如果我们把这个事情简化为购物，可能会更容易理解。例如，你要买一辆车，而且你把自己的选择范围缩小到两辆价格相差无几的车型上，如一辆沃克斯豪尔和一辆福特。与另一辆车相比，两车各有优势，也各有瑕疵。经过痛苦的挣扎，你最终选择了沃克斯豪尔。但在你作出选择之后，认知失调就开始了。当你已经作出了选择，你会发现自己开始想起所选车的所有优点，与此同时也会想起落选车的所有缺点。此时，你也会低估所选车的劣势和落选车的优势。这样做的结果就是你会对自己的选择感到满意。

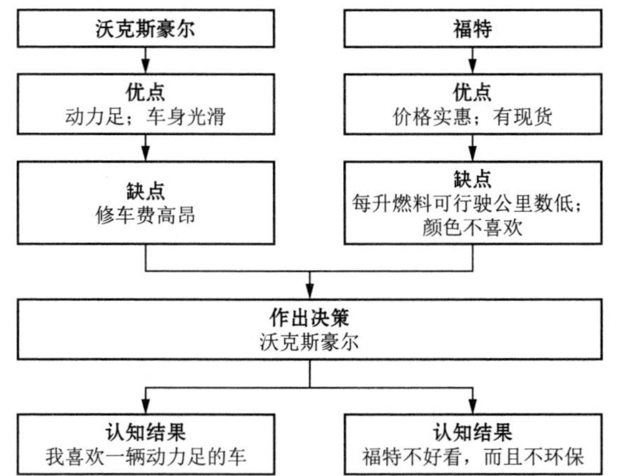

如果这件事就此结束，那么一切都不会成为问题。但是，认
知失调的另一面是在作出选择后依然会产生影响。购买沃克斯豪 183
尔后，买车的人可能会开始担心自己的选择是错的。他们开始想起他们放弃的那个选项（福特）的优点，同时也会想到所选车的缺点！这可能导致买车的人感到不开心、痛苦，甚至试图挽回自己的选择。

离婚过程也是如此。当新欢挡在你与旧爱之间时，会发生同
样的心理机制。当你确认离婚是最好的解决方式，你会先因解脱 184
而感到开心。不过，认知失调通常会在你开始质疑自己的选择的正确性时出现。因此，分分合合，反复离婚又复婚的情况出现

了。对成年人来说，这已经很艰难，而这种反复对孩子造成的影响可以说是毁灭性的。

当父母因为外遇离婚，孩子通常会被周围发生的一切弄得既害怕又不知所措。对他们来说，“父母不再相爱”是不可想象的，他们很可能对生活中出现的新男士或女士怀有敌意。孩子的反应会增强认知失调的影响，从而导致父母怀疑自己是否犯了一个可怕的错误。

如果父母接下来复婚了，那么孩子就会对发生的事情感到更加摸不着头脑。通常情况下，父母中的一方或双方都会尝试向孩子解释为什么自己离开了原来的配偶，这个解释通常很模糊，如“我们不快乐”，或者直接道明真相——他们“与其他人相爱了”。因此，当父母重修旧好，这个解释就会让孩子倍感困惑。

当然，这并不意味着无论父母感受如何，他们都应该出于“为孩子好”而勉强在一起。人们都需要过好自己的生活。错误的婚姻与关系的确会出现。不过，当离婚发生时，每个父母都要仔细斟酌好自己的解释，并且记住，自己有可能与疏离的伴侣复
185 婚。父母应该与原先的配偶共同想出一个解释，这不但可以让孩子满意，也符合双方利益。父母应该在与孩子的沟通上达成一致，共同决定哪些内容要告诉孩子，哪些内容要瞒着孩子。当沟

通完成后，父母应该再次和孩子聊一聊，解释事情的新走向。

父母给出的解释应该强调分离不是由于孩子做了什么，而是缘于成年人之间的事情。一定要避免利用孩子去操纵、指责、羞辱或惩罚另一半。父母告诉孩子的内容应该被记录下来，并由双方共同保管。这样一来，当孩子未来几年再次问起父母离婚的原因时，父母可以参照商定好的“脚本”，给出没有矛盾的答案。

爱的丧失

如果父母的离婚理由是对彼此失去了爱意，那么孩子会很害怕父母不再爱他们。成年人当然可以清晰地区分对孩子不变的爱和对另一个成年人多变的爱，但孩子不能区分。因此，随着孩子的成长和推理能力日渐成熟，这个话题需要被反复提起并澄清。如果忽视这一点，孩子感受到的不安全感和恐惧感很可能会以破坏性的方式表现出来。

虐待和忽视 186

当离婚的理由是身体虐待、情感虐待或忽视时，任何一个卷入其中的孩子在最初都会因争吵停止而感到巨大的解脱。而在这种幸福感之后，孩子往往会感到内疚。孩子会为远离了充满紧张感和恐惧感的家庭而感到很享受，但与此同时，他们也深信自己背叛了父母中的一方，这是因为他们曾经希望父母分开。解决这个问题需要父母双方的共同讨论。讨论的重点仍然在于，父母的分开并不是孩子的错。父母要向孩子保证，孩子现在（或过去）所做的一切都无法让他们再在一起。

成瘾行为

当离婚的原因是夫妻一方或双方的成瘾行为时，孩子通常会觉得“只要酒精（色情片、毒品等）消失，妈妈和爸爸就会重新在一起”。虽然这种情况的确会偶尔发生，但它出现的概率往往很小。作为一个负责任的父母，你需要仔细评估这种想法是否现实，然后抱着开放的心态与孩子真诚地交谈。如果你的感情与关系破裂得太彻底，那么你要确保孩子明白，无论另一半作出怎样的改变，你们都不可能复合。

187 追求自由

这或许是最难向孩子解释的一类离婚原因：父母决定离婚的原因在于他们渴望“自由”。也许是为了追求曾经放下的事业，也许是对自己的另一半感到厌倦。父母在解释他们分开的原因时，无法指出具体的问题。因此，孩子往往会陷入焦虑或害怕的状态。他们害怕“某些东西”，但没有人能真正向孩子解释清楚它们究竟是什么。

有时，父母会为离婚捏造出很多理由，以此来安抚孩子的忧虑。但这些理由会随时间的推移越来越难站住脚。这会导致孩子在其他方面也丧失对你的信任。老话说得好：“唯有诚实才是最好的办法。”如果你自己都不清楚离婚的真正原因，那就诚实地告诉孩子你的感受和理解。你可以向孩子承认自己并不完全清楚离开他的父亲或者母亲的原因。不过，你也要向他们澄清，这并不意味着你有一天会对孩子也感到厌倦。

在所有这些以离婚或分手收尾的情况下，记得考虑孩子未来需要的东西，并想一想分开的父母要怎样在养育孩子上合作。一定要记住，对你的孩子来说，终其一生，你都是他们的父母。一对夫妻分开后依旧会被共有的孩子这个羁绊联结着。因此，夫妻双方越快接纳这个简单的事实越好。

相比于在规则和方式上争论不休，从一开始就在父母之间建 188
立一个简单的规则，效率会更高。规则要定好哪些事情是孩子现在可以做的，哪些活动是孩子到了一定年龄才可以参与的。这条规则可以被归纳为“双方同意就没问题”“双方都不同意就不可以”“仅有一方同意也不可以”。

- 如果父母双方都同意孩子做某件事（双方同意），那么孩子就可以去做这件事；
- 如果父母双方都反对孩子做某件事，那么孩子就不被允许去做这件事；
- 如果父母之中有一方认为这件事可以做，而另一方认为不能做，那么孩子就不被允许去做这件事。

妈妈的反应	爸爸的反应	父母最终的决定
可以	可以	可以
可以	不可以	不可以
不可以	可以	不可以
不可以	不可以	不可以

现在我们来举个例子，假设你家的青少年想把自己男朋友的名字文在胳膊上。父母中的一方可能会认为这是个好主意，而且觉得允许孩子这样做可能会赢得孩子更多的喜欢。父母中的另一方也许会觉得这个想法很恶劣。相比于给孩子任何承诺，或者相比于将作出这个决定的责任推给另一方，一个老套的回答方式是：关于这一点，我需要和你的亲生母亲（父亲）聊聊。鉴于一
189 方同意，另一方不同意，因此父母给孩子的答复都应该是：你不

可以去文身。

通过这种方式，父母可以在事关孩子的重大决定上继续保持统一战线。这并没有给父母中的某个人支配另一方的权利，因为决定权难免有一天会落入另一个人手中（如父母一方希望拒绝，而另一方乐于接受）。这种安排有助于父母继续参与孩子的生活，也可以保持孩子生活的稳定感和连续性。

191

17. 镜子，镜子，告诉我

你有没有见过想长胖的人？我并不是指经历严重疾病或类似化疗过程之后想要恢复“健康”体重的人，而是指那些想要长得非常胖的人。如果你的伴侣或你爱的人告诉你：“我打算只吃香肠和糊状食物，直到我长到 250 斤为止。”你会有什么反应呢？遇到这种情况，大多数人会瞠目结舌，不知道该说什么或做什么。

在这种假设的情境下，大多数人会好奇这种想法的初衷是什么。我们会开始担心自己的朋友是否清醒、逻辑能力是否受损，接着我们很可能鼓励他去见一下心理咨询师。我们可能会努力说服朋友放弃这个想法，但我们很少会尝试以下某些策略，如试着和他们在吃什么或吃多少上“讨价还价”。我们很难仅凭表象接受这种目标。

我提出上文中这个情境仅仅是为了引导大家思考一个完全相反的情况，也就是一个家庭成员告诉你他要减肥。如果家里有人表达了这种愿望，大多数人其实都会以鼓励作为回应。这是因为我们的社会长期以来一直在美化“瘦”。很简单，翻开任意一本以“魅力四射的人”为主题的杂志，你会发现，它们几乎都在谈 192
论这个或那个电影明星、摇滚明星和模特在减肥的话题。

想一想

面对孩子时，我们通常会接受他们关于想要减肥的解释，我们会觉得这不错或至少是可以接受的想法，因此我们不会质疑他们的动机。但实际上，进食障碍（eating disorders）往往始于这种言论。诚然，大多数关于减肥的尝试确实都停留于口头，然而此处令人担忧的是孩子沉迷于减肥的情况。

当一个孩子（多为青少年）想要更平坦的肚子或更健美的身形时，我们要问问他理由：

- 你是在嫉妒另一个竞争者吗？
- 你是不是觉得变瘦会让自己更受欢迎？
- 是不是有人嘲笑你的长相？
- 对于你的身体，你有什么不喜欢，甚至憎恶的地方吗？
- 你这样做是为了赢得别人的赞赏或尊重吗？

我们可以问问他： 193

- 你打算瘦多少斤？
- 你如何在达到目标体重之后保持它？

只有获得了这些问题的答案，我们才能对减肥给出作为父母的支持。如果我们在帮助孩子实施减肥计划之前探索这些问题，就可以避免许多心痛的事发生。另外，在开始减肥之前咨询医生或营养师也是非常有价值的。

重要知识点

进食障碍是情绪问题领域中有可能涉及死亡的一类。德赖登-爱德华兹（Roxanne Dryden-Edwards）在相关领域一篇非常深入的文献综述中指出，高达6%的进食障碍患者死于该病或该病的并发症。进食障碍包括不愿进食［厌食症（anorexia）］，也包括暴食-清除综合征［贪食症（bulimia）］。在这两种情况下，患者努力减肥的目的在于减肥的进程，或是对增重的厌恶，而不是像大多数人那样希望“看起来更好”。

请设想一下，青春期的女孩周围都是各种非常纤细的女性形
194 象，而这些形象会被他人喜爱并当作女性的理想身材。大多数家庭的典型饮食、运动日常都不鼓励这种体形的出现。因此，为了变得更有吸引力，你的女儿决定减肥。这个目标对大多数父母来

说似乎没什么害处，他们通常会鼓励女儿这样做，而且也不会深究女儿的动机。

通过限制食物摄入量或干脆不吃饭，这个女孩一开始会成功减掉几公斤体重。同伴和她的父母都会倾向于给出“你看起来不错”的评价。这会鼓励她继续减肥。然而，女孩不可避免地会遇到所有控制饮食的人都会经历的平台期。这个时候，她就面临一个非常令人沮丧的难题：她想继续得到朋友和父母的赞美，但诸如拒绝零食和油腻食物等过去的成功经验无法再让她的体重下降。

你的女儿现在面临一个非常困难的选择：恢复正常的饮食模式，而这可能会导致体重增加；转向更极端的行为。(很少有人会选择维持新饮食习惯并维持减轻后的体重，因为大多数青少年的努力本质上就是暂时的。) 如果选择更为不顾一切的减肥方式，那么她可以从媒体、朋友和互联网上轻松学到许多可能有效但也具有破坏性的方法。这些方法包括：

- 可以抑制食欲的非处方药；
- 泻药；

- 会刺激新陈代谢率的药物，更快地燃烧卡路里；
- 自诱导性呕吐；

• 过度的日常锻炼计划。

所有这些都将导致体重的快速下降，而这些方法带来的体重下降本质上是暂时性的。

对大多数成年人来说，这些行为往往会有一定的自我限制。每餐后呕吐或服用泻药通常会让我们反感，而这种反感会导致我们在相对较短的尝试后就选择放弃。然而，青少年尚未成熟的思维方式可以在痛苦和不适的经历中看到称得上崇高的方面。当这结合了重新开始的快速减肥以及收到的对他们新模样的赞美时，结果就可能是致命的。

当一个青春期的孩子体重减轻，她（75% 的进食障碍患者是女孩）会沉迷于减肥这件事，而不是减肥的结果。许多青少年意识不到自己的体重已经轻到超出了限度，在他人眼中他们过于纤瘦。他们反而会觉得自己的身体样貌让自己备受困扰。在照镜子时，他们永远觉得自己身体的某些部位有点“胖”。

到了这个时候，父母往往会警觉起来，他们首先会和孩子争
196 论。他们会告诉孩子胖几斤的她会更好看。但是，这样的信息与他们之前的说法不一致，也与孩子自己的体验不同，与此同时，也与孩子每天看到的媒体信息不符。

下一步往往就是协商过程。父母常常会允许孩子做一些平时

被禁止的事，只要孩子吃“一顿健康的饭”或一些食物。这样的行为忽略了一个不幸的现实，那就是在孩子眼里，你这样做是“让我长肉”或“阻拦我拥有富于魅力的人生”。因此，他们认为自己在交易中的任何“欺骗”都出于更高的道德目标。

还有一些因素会导致厌食症或贪食症，包括：

- 人格障碍；
- 和父母发生冲突；
- 性虐待或其他创伤；
- 抑郁等基础精神障碍。

治疗师会发现，与患有厌食症或贪食症的青少年一起工作可能需要非常长的时间，而且这个过程或许会令人沮丧。改变深植于心的扭曲的身体形象是一件非常困难的事情。治疗过程中，家人始终需要参与进来，以此创造出父母“站在他们这边”的感觉。而且，要帮助青少年明白问题远不止改变他们的外貌、改变卡路里摄入量以及减少运动量那么简单。

治疗进食障碍最成功的方法之一是由戴尔（Christopher Dare）及其同事于 1985 年在伦敦莫兹利医院（Maudsley Hospital）开发的莫兹利模型（Maudsley model）。该模型的关键概念是把家庭成员纳入进食障碍问题的解决，让他们成为积极的参与者。另外，该模型会将这一疾病视为青少年之外的问题。通过这种方式，青少年不会被看作“表现糟糕”，而是被看作家庭的一部分，而要解决的问题其实在压抑着家庭中的每个人。家人和治疗师需要在大约一年的时间里共同努力来增加青少年的体重，然后让他们重新掌控自己的生活。

莫兹利模型在帮助受进食障碍影响家庭的效率上已得到很多实证研究的支持，这个方法的成功率为 80%—90%。当你理解了进食障碍的成因，也愿意和青少年运用经过周详思考得出的方法而共同努力时，便完全有可能打败进食障碍。

18. 永远离开

丧失有多种形式：

- 一段关系的结束；
- 我们喜欢自己的工作，可公司要裁员；
- 房子被房东收回；
- 朋友搬家；
- 所爱之人即将离世或已经去世。

这个清单可以继续延长，而且可以涉及的事物与可能涉及的人一样十分广泛。应对由此产生的负面感受与不安全感很艰难。不过，如果我们对丧失背后的心理机制有一定的了解，再处理类似的情况，我们便可以处理好丧失带给我们的影响。

有许多方法可以帮我们理解丧失背后的情绪反应。从社会心理学到基于个体的哀伤过程都已得到发展。它们都有自己的拥护者，也为很多人带来了安慰。

其中一个被广为接受的模型由屈布勒－罗斯（Elisabeth Kübler-Ross）提出，包含个体遭遇丧失时会经历的哀伤的五个阶段，即拒绝、愤怒、讨价还价、抑郁和接纳。

- **拒绝**：“当他说要离开我的时候，他其实指的不是这个意思。”“我不可能快死了！诊断一定出了问题。”

200 - **愤怒**：“我恨她！她的离开摧毁了我们的家庭！”“他怎么可以就这样死了！留下我独自抚养孩子！”

- **讨价还价**：“我很确定我们能解决好这个问题，保护这个家的完整。”“如果我足够努力地祈祷，奇迹就会降临，一切都会好的。”

- **抑郁**：“这一切太令人绝望了，我再也不会笑了。”“没有了我最好的朋友，人生之路我走不下去了。”

- **接纳**：“生活会继续的。”“我会一直思念她，但我必须为余下的这些我爱的人继续努力生活。”

经过一些思考，以上这些概念可以帮助你理解成年人和孩子的反应。与此同时，它们也可以避免你在丧失发生之后犯错。

非常重要的一点是，你要记住，人不是机器，因此我们不会以丝毫不差的方式经历丧失，也不会以相同的节奏走过五个阶段。屈布勒-罗斯提出的这五个阶段也许会按照顺序发生，也有可能不会。许多人会毫无困难地直接跳过一个甚至多个阶段。但更多的人，尤其是孩子，从一个阶段进入下一个阶段之后可能又会退回上一个阶段，这种反复可能会出现很多次。当我们努力面对丧失事件时，有这些反应都很正常，它们并不是异常的心理问题。

如果你是单身或是尚未生育的已婚人士，丧失这件事对你来说实际上已很难承受，而一旦涉及孩子，由于你不得不同时应对 201
孩子的悲伤和自己的悲伤，这个过程将变得更加复杂。

孩子在丧失面前感受到的情绪强度与成年人一致。如果你感到很伤心，那么你的孩子很有可能也是如此。例如，如果你因工作变动而不得不搬家，那么你的孩子也将失去朋友、稳定的生活和规律的作息。当然，他们最终会和你一样适应这一切。不过，仍有一些你可以尝试去做的事情，以便让整个过程更加轻松。

假设你的公司要裁员，而你不得不搬到另一座城市。最初听到这个消息时，你可能会立刻感到“一定是出了什么差错！”。随后，你很快就会感到愤怒。

非常重要的一点是，想一想在这种情况下你会希望别人怎样安慰你，然后将你从这种反思中学到的东西用在孩子身上。在这种情况下，大多数人都会非常希望有机会向其他人倾诉。实际上，我们并不期待他人帮我们“解决”问题或轻视我们的问题，我们只是需要他人带着理解倾听我们的苦恼。同时，我们或许会想要更有帮助的建议，如一些我们忘记自己也会的技巧，又如我们被忽略的这件事中的好处。

重要知识点

当我们的感情很受伤时，我们会迫切地希望负面感受马上消失。不幸的是，抑郁似乎是每个经历丧失的人必须承受的东西，而这会刺激我们最终找到克服悲伤的方式。因此，那些希望帮我们“振作起来”的人，其实不经意间在为我们缓解悲伤情绪帮倒忙。

关于丧失的原因或死亡，我们往往很难判断有多少内容是可以告诉孩子的。例如，如果你的配偶因长期酒精滥用而丢了工作，你要如何向孩子解释呢?

在我的整个职业生涯中，我帮助过很多家庭，通过这些经验，我发现诚实才是最好的办法。不过，“诚实”与“残酷的诚实”，即痛斥对方与谴责他们的行为之间仍存在差异。你应该告诉孩子足够的真相，以此来满足他们的好奇心，但不要讲大道理或命令他们行事。

现在让我们设想这样一个场景，孩子的一个朋友自杀了。针对这件事，你有以下三种选择：

• 给孩子讲一个委婉的“故事”；

• 撒个谎，告诉孩子那个朋友是“自然死亡”；

• 以朋友的死亡为例，给孩子讲道理。在这样做时，你可能会
说：“你看看，一个人在自杀的时候是多么自私，多么错误！看看
他的自杀带来了多少眼泪和痛苦！你绝不能做那样的事！”

以上这些给孩子的回应基本没有关心孩子的感受。在尝试解释一个人自杀的原因时，你往往会感到非常不舒服，以上这些反应只是在帮你自己逃避这种不适感。然而，孩子现在需要的正是探寻朋友自杀的原因。要解决他们的悲伤，只能直面这件事。

再次强调，你没有必要知道所有问题的答案。如果你直接告诉孩子：“我不知道你的朋友为什么自杀。”“我不知道为什么你的父亲或母亲有酒瘾。”那么，只要你是诚实的，孩子其实就可以接受这些解释。这样一来，孩子看到的就是事情真实的样子，而且这样做会反过来为你们创造共同寻找解决办法的机会。在此之后，你就可以开诚布公地和孩子谈一谈恐惧、糟糕的选择和不顾一切的行为。这可以让你们有机会谈论那个自杀的朋友和那个酗酒的家人原本可以作的其他选择，如与他们的朋友、心理咨询师

和父母谈心等。所有的办法都应当被以开放的心态讨论，并反思这些办法的可行性。作为父母，与孩子深入开展这类讨论是你能做的最有价值的事。

后　记

与家庭一起工作是我一直以来乐在其中的挑战，这是因为无论家庭中的问题有多相似，我总会遇到自己前所未见的事。我不断从来访者身上学到东西，在我未来的职业生涯中，我会继续学习下去。

这些经历逐渐让我有了些许领悟：对于家庭中遇到的问题，世间并不存在唯一的答案，也不存在最好的答案。可以说，有无数可以采取的办法。在这本书里，我一直努力在不给人留下冗长印象的同时，尽可能多地囊括这些方法。当然，书中未提及的事情还有很多，也许大家会怪我忽略了它们，为此我向大家道歉。书中这些内容是我四十多年临床经验的浓缩，其中也包含我在其他领域的工作经验，以及我频繁反思许多研究结果获得的领悟。书中每一章都经过实践的检验。

为人父母的确是一项巨大的挑战，但与此同时，它也可以是人生中最具价值的一件事。看着孩子经历整个大学生涯，看着他或她拉起灵魂伴侣的手说“我愿意”，然后开启自己的人生之旅，世界上还没有什么能与这些体验相提并论。

我明白，不论是在感情还是在经济方面，养育孩子都需要付
206 出很多很多，但是如果上天再给我一次机会，我依然会选择组建
自己的家庭，而且不会有丝毫犹豫。希望你也可以抱着这样的态
度生活。人生中的所有问题都有答案。冒险之旅在前方等着你，
你终将发现，为人父母是一件多么值得的事。

参考资料

组织机构

美国开放性收养协会 /American Association of Open Adoption Agencies

改变心智 /Change Minds

伊丽莎白·屈布勒-罗斯基金会 /Elisabeth Kübler-Ross Foundation

无限创新有限公司 /Infinite Innovations Ltd.

英国国家统计局 /Office for National Statistics

牛津布鲁克斯大学 /Oxford Brookes University

英国国民医疗服务体系 /National Health Service

美国南阿拉巴马大学 /University of South Alabama

美国国家医学图书馆 /US National Library of Medicine

论文与著作

Atherton, J.S. *Learning and Teaching: Piaget's Developmental*

Theory. www.learningandteaching.info/ learning/piaget.htm.

Barker, P. Cognitive Dissonance. *Beyond Intractability*, eds. Guy Burgess and Heidi Burgess Conflict Information Consortium, University of Colorado, Boulder. Posted September 2003. www.beyondintractability.org.bi-essay. cognitive-dissonance.

Beck, H.P. *General Psychology*. www1.appstate. edu/~beckhp/ bellandpad.htm.

CSOM Publications. *Recidivism of Sexual Offenders*. www. csom. org/pubs/recidsexof.html.

Fremont, W.P. (2003). School Refusal. *Children and Adolescents American Family Physician, 68*(8), 1555–1561.

Johnson, A.M., Falstein, E.I., Szurek, S.A., & Svendsen, M. (1941). School Phobia. *American Journal of Orthopsychiatry, 11*, 702–711.

Kerr, P. L., Muehlenkamp, J. J., & Turner, J. M. (2010). Nonsuicidal Self-Injury: A Review of Current Research for Family Medicine and Primary Care Physicians. *The Journal of the American Board of Family Medicine, 23*(2), 240–259.

McLeod, S.A. (2007). *Skinner-Operant Conditioning*. www. simplypsychology.org/operant-conditioning.html.

Medlin, N. M. (1991). *Adolescent Psychological Separation-Individuation and the Identity Formation Process*. ETD collection for University of Nebraska-Lincoln. http://digitalcommons.unl.edu/ dissertations/ AAI9133306.

Resnick, M. D., et al. (1997). Protecting Adolescents from Harm: Findings from the National Longitudinal Study on Adolescent Health. *Journal of the American Medical Association, 278*(10), 823–832.

Rhodes, P. (2003). The Maudsley Model of Family Therapy for Children and Adolescents with Anorexia Nervosa: Theory, Clinical Practice, and Empirical Support. *Australia and New Zealand Journal of Family Therapy, 24*(4), 191–198.

Truax, C. B. & Carkhuff, R. R. (1967) . *Toward Effective Counselling and Psychotherapy: Training and Practice*. Aldine Pub. Co., Chicago.

索 引[*]

* 索引后的数字为英文原版书页码，现为本书页边码。

图书在版编目（CIP）数据

成为父母了，接下来呢？：家庭心理学实用指南 / (英) 詹姆斯 · A.鲍威尔著；王佳琪译. — 上海：上海教育出版社，2025.7. —（实用心理指南）. —ISBN 978-7-5720-3266-0

Ⅰ. G780-62

中国国家版本馆CIP数据核字第20258A44D2号

责任编辑　王佳悦

封面设计　周　吉

实用心理指南

成为父母了，接下来呢？——家庭心理学实用指南

[英] 詹姆斯 · A. 鲍威尔　著

王佳琪　译

出版发行　上海教育出版社有限公司
官　　网　www.seph.com.cn
地　　址　上海市闵行区号景路159弄C座
邮　　编　201101
印　　刷　上海展强印刷有限公司
开　　本　787 × 1092　1/32　印张 6.875
字　　数　117 千字
版　　次　2025年7月第1版
印　　次　2025年7月第1次印刷
书　　号　ISBN 978-7-5720-3266-0/B·0083
定　　价　59.00 元

如发现质量问题，读者可向本社调换　电话：021-64373213